JN095104

認知症の本質を問う

介護で悩みたくない人は

中塚善次郎 監修　清重友輝 著

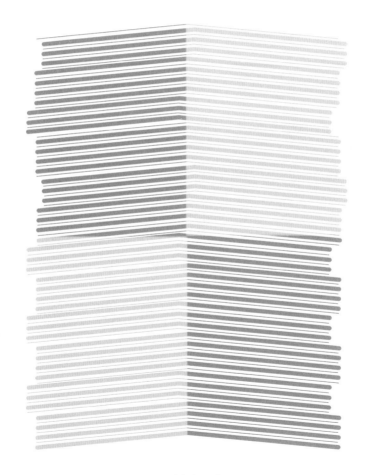

風間書房

監修者のことば

　私（監修者）は、認知症が問題となりだしました頃、今後、ますます増加するだろう、と予想していました。そのことは、私がその頃発行していました、月刊の個人布教誌「こころのとも」（現在は休刊中ですが、既刊分（十七年分）につきましてはインターネットで公開中です）に書いています。

　では、何故そんな予測が可能だったのでしょうか。実は、それを真に理解して頂くためには、以下にある本文の、私が構築しました「自己・他己双対理論」を知って頂かなければなりません。しかし、それは長くなりますので、ここでは、その概要についてだけ、お話ししたいと思います。

　まず、その基本的な発想ですが、人間の精神には、自分を大切にして、何処までも生きていきたいという面と、もう一つは、民主主義社会では無視されていますが、他者を尊重する、かつて孔子の言った「仁」にあたる、他者を求め、他者とこころを通わすことを求める面とがある、としています。私は、前者を「自己」と呼び、後者を「他己」と呼んでいます。人間は、この自己と他己を併せ持ち、そのバランスを保つことで、「人間らしさ」を発揮できるということなのです。

　ところが、民主主義が行き渡るにつれて、自己の肥大化がどんどんと進んで来ました。自己主張して、たくましく生きていくことが、良いことだという風潮が一般化しています。実は、現在、認知症が増加の一途をたどっていますのは、この自己肥大化が大きく関係しています。その反映とさえ言えるのです。

　医学では、認知症の原因を脳の異常だとしています。では、認知症が増える原因も、脳障害者が増え続けていると考えるのでしょうか。何故、栄養の行き届いている現代に、脳障害者が増え続けるのでしょうか。私には、

ちょっと理解できません。

　人間は、物質―生命―精神と進化してきました。人間の本性は、精神にあります。脳という物質を超えて精神は働きます。脳は、人間の身体を構成する一つの器官に過ぎません。確かに脳は、神経系を担い、人間の行動を司る直接的な器官になっています。その重要性を否定するものではありませんが、しかし、それは人間の行動の「結果」として脳は働くようになっているのであって、それが、原因ではありません。ここを間違うと、認知症の原因の説明が出来なくなってしまいます。

　認知症は、現代社会の問題点を浮き彫りにしています。論理学で言えば、現代社会のアンチテーゼ（対立命題）とさえ言えるものです。では、私たちは、どうすれば根本的な解決が出来るのでしょうか。認知症の増加傾向は、それを問いかけているのです。

　私の理論によりますと、それは、一口で言えば、他己を取り戻すことです。では、どうすれば他己が取り戻せるのでしょうか。それは、現代の風潮に逆行することですから、とても安直に理解の得られることではない、と言えるのです。

　それは、自己主張を控え、他者を尊重することです。私の言葉で言いますと、「他者の心を感じるこころ」を取り戻すことです。詳しくは、以下の本文（論）をご覧頂きたいのですが、端的に言いますと、規範性を取り戻すこと、根本的には信仰を取り戻すことです。エゴの主張を控えて、資本主義の原理である「利益と選好」だけで、動かないことです。

　認知症は、こうした社会の流れの中で、生じています。この社会を変えて行かないかぎり、減少することはないと思います。

　最後になりましたが、認知症にかかってしまった方々、介護する方々、そしてその方々を取り巻く多くの方々。そんな皆さんのご健康、ご多幸を、お祈りいたします。

目　　次

iv

序章　拡大する認知症という病への誤解

　認知症は今やメジャーな病の一つです。テレビや新聞、雑誌など各メディアで頻繁に取り上げられ、多くの人々がその名前を知っています。そして、名前を知っているだけでなく、その症状についてもある程度の知識を持っています。

　認知症の症状で最も広く知られているのは、物忘れなどの記憶障害でしょう。メディアを通じて発信される情報の中でも、「最近、物忘れが多くなっていませんか。それは認知症の始まりかもしれません」といったような警告をよく見ることができます。

　その成果というべきでしょうか、一般的な人々が認知症に抱くイメージとは、「記憶力の低下＝認知症」といった構図であることが多いようです。

　しかし、現実の認知症は、必ずしもそうしたイメージ通りのものではありません。

　認知症の初期段階で記憶力の低下が起こることは事実です。しかし、記憶力が低下したからといって、それだけで認知症だと認められるわけではありません。

　そもそも、記憶力をはじめとする諸々の能力は、加齢に伴い衰えるのが当たり前です。記憶力の低下をもとに認知症の有無を問うというなら、あらゆる人が認知症の予備軍ということになってしまいます。

　物忘れが多くなると認知症かもしれないと警告するのは、ほんの少し咳がでただけで、結核や肺ガンを患っているかもしれないと疑うようなものです。予防や注意喚起という点を考慮に入れるとしても、適切な表現であるとは言えません。

　認知症とは、決してただ物忘れがひどくなるだけの病ではありません。認

知症における物忘れには、通常のものとは違う性質があり、その特有の症状にこそ認知症という病の本質を見ることができます。通常とは異なる、特殊な状態を示すからこそ、認知症は健忘症と区別されるのです。

つまり、認知症を理解するには、物忘れそのものを見るのではなく、それと結びついている認知症に特有の症状を見いださなければなりません。それを正確に捉えることで、はじめて認知症への理解は深まることになるのです。

さて、このように考えた場合、現在広く知られている「記憶力の低下＝認知症」という構図には、どのような評価を与えるべきでしょうか。

はっきり言えば、それはミスリードというほかありません。そして、ミスリードが生じているのは、情報を発信する側と受け手との間に、行き違いがあるからではありません。それは、認知症という病を理解するために用意された、基本的なフレーム（枠組み）やスケール（尺度）そのものに、問題があるために生じているのです。

現状の枠組みでは、認知症は文字通り、「認知」機能が低下する病として扱われています。記憶力も認知機能の一つであり、そのために物忘れは認知症と直結して捉えられています。

一見してごく当然のように思えるこの構図に、納得してはいけません。なぜなら、この枠組みでは、認知症という病の特異性は、すべて「認知」という言葉の中に隠されてしまうからです。

認知症では、物忘れ以外にも多くの症状が現れます。判断力や計画を立てる力が失われたり、行動が全般的に粗雑になったりしますし、少しのことで混乱してパニックを起こすこともあります。また、情緒が不安定になり、性格が変わってしまうこともありますし、人間関係を損なうことが多くなり、社会生活を営むことが困難になるといったことも起こります。

これらの症状は、認知症の患者には見られても、老化に伴う健忘症では現れることのないものです。こうした違いからも、物忘れという共通点がありながら、認知症と健忘症がまったくの別物であることがわかります。

　しかし、現状の枠組みでは、認知症は認知機能が低下する病とされている
ために、同じく認知機能の低下が原因で起こる健忘症との違いが、はっきり
しません。原因が同じなのに、どうして現れる症状に違いが出るのかという
肝心な部分が、まるで見えてこないのです。

　また、健忘症のような記憶障害以外にも、失認や失行など、認知機能の低
下がもとで起こる症状はいくつもありますが、通常、そうした際に認知症の
ような多様な症状が出ることはありません。認知症の患者だけに、他の認知
障害とは異なる、非常に特殊な状態が現れるのです。

　しかし、そうした認知症がもつ特異性も、認知障害という括りにされるこ
とで、とてもわかりにくいものになっています。このために、認知症という
病が、実際には患者の「何を」冒しているかが見えなくなっているのです。

　こうして見ると、認知症を認知の病とする枠組みは、かなりいい加減なも
ので、適切とは言えないものであることがわかります。それは、病の実態を
正しく表現できていませんし、そのために、多くの人々に誤った知識やイ
メージを与える危険性をはらんでいるのです。

　筆者らはこの本の中で、現状の枠組みに代わる、認知症を理解するための
新たな枠組みを提示したいと考えています。この枠組みは、認知症という病
の本質をはっきりと示すことができるものであり、認知症の介護や予防に大
きく役立つものであると確信しています。

第一章　現行の認知症研究がもつ問題点

　認知症という病を正しく理解する上で、最も重要なことは、この病が患者の「何を」冒しているかを明らかにすることです。

　認知症はメジャーな病の一つであり、それだけに、この病には非常に多くの医者や研究者が携わっています。当然、認知症がどういった病であるかという定義や診断基準はありますが、残念なことに、それらは病の本質を十分に示したものではありません。

　本章では、従来の認知症理解の枠組みがどのようなものであるのかを解説し、その問題点について見ていきます。

　本格的な考察は第三章で行いますが、ここでは簡潔に、従来の枠組みにおいて認知症という病がどのような性質をもつとされているのか、どのような病として認識されているのかを中心に見ていきます。

　まず「認知症」とは、病名ではありません。ごく大まかに言えば、意識障害を伴わずに記憶力や判断力が低下した状態を示す症候群のことを指しています。

　認知症の定義はいくつか提唱されています。厚生労働省による定義では、次のようになっています。

　　認知症とは……生後、いったん正常に発達した種々の精神機能が慢性的に減退・消失することで、日常生活・社会生活を営めない状態。

　この他に代表的なものとしては、ICD 10（国際疾病分類10版）やDSM-4（アメリカ精神医学会が発行する精神障害の診断と統計の手引き第4版）などがあります。

これらの詳細は第二章で取り上げるとして、どちらも内容はほぼ同じで、次のようなものとなっています。

　認知症とは……認知機能が、後天的な脳の器質性障害によって持続的に低下し、日常生活や社会生活に支障をきたした状態。

　これらの定義に共通するものを捉えることで、認知症という病の特徴がいくつか見えてきます。特に重要なものとしては、以下の４つが挙げられます。

①主に認知機能が障害を受けるとされていること。
②先天的なものではなく、正常な発達が行われた後で発症すること。
③病の原因は、脳の器質性障害であるとされていること。
④日常生活や社会生活に支障をきたすことで病と認められていること。

　これら４つの特徴には、それぞれに考慮すべき点があります。
　まず①についてですが、認知症はその名の通り、認知機能が障害を受ける病とされています。
　認知機能とは、どのような働きのことを指すのかということですが、「認知」（cognition）は認識とも訳されるように、外部の事物や事象について知覚すること、あるいは知覚したものを判断したり解釈する過程のことを意味します。
　簡単に言えば、見たり聞いたりすることで得た情報を判別したり、記憶したり、さらにその内容について考えたり推理するといったような働きが、これに相当します。
　認知という言葉が示す内容は、かなり広い範囲に及ぶので、いわゆる知的能力や知的機能と呼ばれるような、「知」に関連する働きを包括して認知機能とする場合もあります。もう少し内容を絞り込むのであれば、五感（視る、

聴く、触る、嗅ぐ、味わう）を通じて得た情報を処理する一連の働きということで、「情報処理に関する知的機能」として捉えることもできます。

　認知機能が障害を受けることで現れる症状には、かなりの種類があります。最も分かりやすい形で現れるのは、物忘れのような記憶障害ですが、それ以外にも、学習、計算、言語理解、知覚、想像、推論、思考など、多岐にわたる系統に障害は及びます。

　実際に、これらの症状は認知症の患者にほぼ例外なく見られるものであり、これを踏まえれば、認知機能の障害が、認知症という病を構成する重要な要素であることは間違いないといえるでしょう。

　ただし、ここで考慮しなければならないのは、認知症はただ認知機能の働きが弱体化するだけの病ではない、という点です。

　認知症以外にも、認知機能が障害を受ける病は数多くありますし、通常の老化でも認知機能の衰えは起こります。しかし、それらのケースと認知症で、全く同じ症状が現れるわけではありません。

　認知症の患者には、他の病や老化では見ることのできないような、より深刻な状態が現れます。その影響は、知的な領域だけにとどまらず、情緒や人柄といった部分にまで及び、病への対処を一層困難なものとしているのです。

　しかし、そうした病の実態は、「認知症」という名称や、「認知機能が障害を受ける病」とする定義からは、ほとんど何も伝わってきません。それどころか、記憶力や理解力、知覚といった能力が低下するという部分だけが強調されることで、まるでそれ以外の症状が出ないかのような印象を受けます。

　このような、名称（定義）と実際の病態との間に見られるズレは、一体何を意味しているのでしょうか。この決して小さくないズレを、どのように解釈するかによって、認知症という病の捉え方は大きく変わることになります。

　次に②についてですが、記憶力や判断力をはじめとする知的機能の障害ということであれば、まず知的障害が思い浮かびます。

　しかし、これは症状が発育期間中に現れるので、発達障害のカテゴリーに

入ります。その原因についても、多くは遺伝や染色体異常、胎児期の異常（妊娠中の母体の中毒や感染症、服用薬物の影響など）といった生まれつきの要因が関係していることがわかっています。

これに対して、認知症は後天的に発症することが確定している点で、知的障害とは異なります。

ここで考慮すべきなのは、生まれつきのものではないということは、逆に言えば、発症のメカニズムに、何かしらの「後天的な要素」が関わる可能性があるということです。これが何であるかを探ることは、病の効果的な予防法を見いだす上で、大きな意味をもつことになります。

次いで③についてですが、発症のメカニズムは別として、認知症の症状を起こす原因自体は特定されています。

それは、脳の器質性障害、つまり脳が受ける物理的な損傷とされています。脳が傷つく要因は、アルツハイマー病や脳血管の障害など様々ですが、何であれ、脳の損傷が認知症を引き起こすとする構図は変わりません。

そして、原因を脳に特定するということは、認知症に関する治療や予防が、「脳に対するアプローチ」を中心に行われることを意味しています。

具体的に言えば、脳の神経細胞や神経伝達物質の異常や、血流の増減といった各部位に起きた状態変化を調べることで、認知症という病への対処法を見出そうとします。つまり、脳で生じたトラブルやその原因を取り除くことを目指すわけです。

大多数の医者や研究者は、こうした方法で認知症の治療や予防ができると考えているようですが、果たしてどうでしょうか。

最後に④についてです。ここが最も重要なポイントになるのですが、認知症として認められるのは、認知機能が低下することで日常生活や社会生活に支障をきたす場合です。つまり、単純な記憶力の低下や判断力の鈍化は、認知症とは認められません。それが日常生活を危うくさせる程度になったとき、はじめて認知症と診断されます。

　ここで考慮すべきなのは、この場合の障害の程度というものが「量」を指すのか、それとも「質」を指すのか、という点です。

　たとえば、認知症を物忘れの延長線上にある症状として捉えるのであれば、それは認知症の本質を、障害の「量」にあると考えることになります。

　記憶障害などがまだ軽い段階では、日常生活に支障をきたすことがないので、認知症とはされません。病が進行して障害の程度が重くなれば、日常生活に支障が出るようになるので、認知症と認められます。この両者を分けるのは、単純に障害の程度が軽いか重いかの違いであり、障害の「量」が判断基準となります。

　これに対して、記憶力や判断力が日常生活に支障が出るほどに損なわれるのは、そこに何かしら別の要素が絡んでいるとする見方があります。つまり、記憶力や判断力が受ける障害の量が増えたために支障が出るのではなく、全く別の「何か」が損なわれたために、支障が出ているとする考え方です。

　このケースでは、障害の程度が軽いか重いかは重要ではなく、何が障害を受けているかが重要になります。つまり、認知症と物忘れとは、障害を受けるものそのものが違うということになります。これが、障害の「質」が違うケースです。

　認知症がどちらのケースにあたるのかは、認知症という病の本質を捉える上で、きわめて重要な事柄となります。

　以上に見たように、認知症の定義を軽く見直すだけでも、いくつもの考慮すべき点が見えてきます。これらについて考察を進めることで、認知症への理解をより深いものとすることができるでしょう。

　ただし、ここで強調しておきたかったのは、考察のポイントそのものではありません。現在の認知症の定義というものが、いかにあやふやなものであるかを示しておきたかったのです。

　物事を定義する上で最も大切なことは、概念の内容を「正しく限定すること」にあります。余分な情報を省くことで、そのものの特徴をはっきりと示

すわけです。

　しかし、ここで取り上げた認知症の定義には、限定しきれていない内容が多く見られます。②と③はともかくとして、病の本質に直結する①と④に曖昧な部分が残されているのは、大きな問題と言えるでしょう。

　何より、この定義からは「病の実像」というものが見えてきません。

　認知機能が障害を受ける。後天的に発症する。脳が器質的な損傷を受ける。日常生活に支障が出る。それらは確かに、認知症の特徴を示しています。しかし、どれも認知症に特有のものというわけではありません。そのために、認知症がどのような病であるのかがはっきりしないのです。認知症と物忘れを同じもののように考える人が多い理由もここにあります。

　定義を示すということは、それがもつ特有の性質を示すことです。それができていなければ、現象の本質を捉えることはできませんし、実践に応用して役立てることもできないのです。

　病の本質が何かということを、難しく考える必要はありません。それは、とても単純なことです。

　認知症の本質を捉えるということは、認知症によって「何が」障害を受けたかをはっきりさせることです。これを明確に示すことが、定義の本来の役割なのです。

　それでは、認知症は何が障害を受ける病なのでしょうか。

　現行の定義に従えば、機能的には「認知機能」が障害を受ける病となり、器質的には「脳」が障害を受ける病ということになります。

　こうした説明から、認知症がどういった病であるのかを明確にイメージすることができるかと言えば、難しいと言わざるを得ません。なぜなら、それらは肝心なことについて何も語ってはいないからです。

　機能面について言えば、一口に認知機能が障害を受けるといっても、その内容は実に複雑です。記憶力だけが低下するのなら、記憶障害とすればよいですし、知覚に問題が出るのなら、知覚障害とすればよいのです。

　しかし、認知症では記憶、知覚、判断、言語理解など障害を受ける機能が多様で、それが同時並列的に生じたりもします。さらに、ただ複数の障害が発生するというだけでなく、それらが相互に干渉し合うことで、非常に複雑な症状が現れます。このために、認知症では障害の中心がどこにあるかが、とても分かり難くなっているのです。

　だからこそ、より広い範囲をカバーする用語として、「認知機能の障害」と表現されるのですが、逆に、そうした焦点をぼかした表現を用いざるを得ないことが、認知症という病の本質を捉え切れていないことを表しています。

　そもそもの話として、すでに述べたように、実際の認知症はただ認知機能の働きが弱体化するだけの病ではありません。

　認知症の患者には、記憶障害や失認といった通常の認知障害では見ることのできない、非常に特殊な状態が現れます。能力が低下することで、これまで出来ていたことができなくなるというだけでなく、自分が出来なくなっていることを自覚できなかったり、何かをやろうとする意欲そのものを失うといったことが起こります。

　また、活動の途中で、急に目的を見失って混乱したり、全く別のことを始めたりすることもあります。辛抱したり我慢することができなくなり、してはならないことをしたり、するべきことをしないといったことが頻繁に起こるようになります。

　さらに、誤った行動をとった際に、他者から指摘されてもうまく修正することができず、自分のミスを頑として認めないといったことも起こります。

　こうした症状は、認知機能の働きが弱体化した（情報処理の力が衰えた）だけで起こるものではありませんし、その影響も知的な領域だけでなく、精神活動の幅広い部分に及んでいます。この詳細な内容については第三章で解説しますが、ともかく、そうした特殊な状態が現れるために、認知症は通常よりもはるかに対処が難しい、特別な病となっているのです。

　認知症に対する理解を深めるには、こうした他のケースでは見られない特

殊な部分に着目する必要があります。そうした部分にこそ、認知症という病の本質があると考えられるからです。

　しかし、認知症を「認知機能の障害」という形で捉えてしまうと、記憶力や思考力の衰えといった側面だけがクローズアップされてしまい、この病がもつ特異性は隠れて見えなくなってしまいます。この結果、どうして認知症だけに他のケースとは異なる状態が現れるのか、という肝心な部分は無視されることになるのです。これでは、認知症という病の本質は見えてきません。

　加えて言うなら、「認知」という言葉が示す内容が、かなり広い範囲に及ぶことにも問題があります。

　それは、情報処理を中心とする知的能力や知的機能のことを指すのですが、そもそも「知的」という枠組みが大きすぎて、どこまでが認知の中に入り、どこからが認知の外にあるのかという区分が明確ではありません。そのために、どうしても雑多な内容にならざるを得なくなりますし、場合によっては、認知の働きとして扱うべきではないものまで、認知機能と見なされてしまうことがあります。

　現在、認知機能として扱われている作用の中にも、単純なものもあれば複雑なものもあります。性質や方向性に大きな違いがあるものもあります。それらを、知的な要素が絡んでいるというだけで同じものとして扱うのは、ひどく乱雑な捉え方です。この弊害として、認知機能が障害を受けるといっても、実際のところ患者に何が起こっているかがはっきりしないのです。

　また、認知という言葉の指す範囲が曖昧なために、たとえば感情や意志といったような、本来であれば知的機能という枠組みに入らない（入れるべきではない）ようなものまで、認知機能の働きに含まれることもあります。

　中には、認知症で障害が見られる機能を認知機能と表現するといったような、本末転倒なケースまであります。そうした結果、認知症とは何が障害を受ける病なのかが、ますます分かりにくいものとなっているのです。

　このように、認知機能が障害を受けるとする捉え方は、一見すると明快な

ようで、実のところ、病の実像についてほとんど何も説明できてはいません。

認知症において、通常とは違う複雑な症状が出るというのなら、なぜ様々な症状が入り混じるのか、そのメカニズムをこそ明確にしなければいけません。それが、「何が」障害を受けたかをはっきりさせるということです。

それを行わないまま、認知という曖昧な概念に逃げることは、理解が不足していることの証明に他ならないのです。

続いて、「脳」が障害を受けるとする場合ですが、これも機能面のケースと基本的に変わりません。共通しているのは、肝心な部分がはっきりしていないという点です。

脳の障害に焦点を当てる場合は、当然のことですが、脳の損傷状況に基づいて患者の症状を説明することになります。これは、脳と患者の心理状態を関連づけて解釈することを意味しています。

脳という臓器が、人間のもつ精神的な面や、心の作用と深く関係することは確かですが、注意しなければならないのは、両者の関係にはまだ知られていないことが数多く残されているという点です。

未知とは不確定ということであり、それだけに曖昧な解釈が入り込む余地が多く残されているということでもあります。つまり、脳の状態に基づいて認知症患者の症状を説明しようとしても、憶測や想像に頼る部分が多く、実際の役には立たない話になることが多いのです。

認知症では、記憶障害や言語障害といった能力低下の側面がクローズアップされることが多いのですが、これらの症状に限れば、脳の損傷と関連づけて説明することは、そう難しいことではありません。それは、たとえば足の靱帯を損傷することで走るスピードが低下するといったことと、同じレベルの話だからです。

しかし、認知症における機能不全とは、そうした単純な能力低下のものだけではありません。

認知症の患者には、精神全般にわたる大きな変化が現れます。彼らの心は、

全体的にひどく不安定な状態になり、情動の表出が激しくなったり、落ち着きを失って取り乱すことが多くなったりします。

また、妄想や幻覚が現れたり、他者からの忠告や助言にまったく耳を貸さなくなるといったことも起こります。逆に、他者に対して過剰に依存するようになり、親しい人から離れなくなるといったこともあります。

さらに、大人しかった人が暴言を吐くようになったり、快活だった人が他者との交流を避けるようになるといったように、これまでとは全く違う行動をとることもあります。態度が突然変わったり、些細なことで動揺したり怒り出すといったことも起こります。時には、まるで別人になってしまったかのように、人柄そのものが大きく変わってしまうこともあります。

ただの機能低下ならともかく、こうした精神全般が大きく変化するメカニズムを、脳の損傷をもとに説明するのは、とても難しいことです。少なくとも、現時点でそれを明快に示すことのできる理論は存在しません。

記憶や言語といった、単純で機械的な側面についてはある程度の説明ができても、その人がもつ人柄や心情といった、より複雑で人間的な側面については、脳の状態から十分な説明を行うことはできないのです。そのために、患者の精神面の変化に関して、脳との関連から有効な対処法や改善策を示すことも難しくなります。

そして、実にこの点こそが、脳の損傷をもとに認知症を理解しようとする試みの、最大のネックとなります。

何故なら、認知症において最も厄介なのは、実のところ記憶障害などの機能低下ではなく、むしろ、精神面の変化のほうにあるからです。

患者本人を苦しませ、また近親者や介護者を悩ませる問題行動とは、ほとんどが精神状態の不安定さから生じています。それは心の統制が著しく欠落した状態であり、異常なバランスの悪さこそが、周囲の人間に不安や恐れを抱かせます。

こうした不安や恐れを解消する上で、「脳が障害を受けたからそうなる」

という説明は、何の役にも立ちません。脳の損傷状態をどれだけ細かく調べても、患者の心の内で実際に何が起こっているのかを理解することはできないからです。

　対人関係において、相手の心を理解できないことは、ストレスを生む原因となります。何を考えているのか分からない人には不安を感じますし、意図がつかめない行動には気味の悪さを感じるものです。訳もわからず、暴言を吐かれたり非難されたりすれば、誰でも理不尽に感じますし、相手に対して怒りや怯えといった悪感情を抱くことは避けられないでしょう。

　まして、近しい関係にあった人に、まるで人が変わったかのような態度をとられれば、平静でいることは困難です。これを、脳が傷ついているから仕方ないと納得できるようであれば、そもそも認知症を理解する必要すらないでしょう。

　介護する側が認知症を理解したいと願うのは、患者の身に何が起きているのかを知りたいからです。それは、ただ単に病状を知るというだけではありません。彼らがどのような精神状態におかれて、いかなる心情を抱いているか。どういった心理的プロセスを経て、問題行動を起こすのか。それらを知ることが大きな意味をもちます。

　そして、知りたいと願うのは、そのことが介護者自身の心にも、一定の安心と平静さを取り戻すきっかけとなるからです。

　誰にとっても、予測がつかないことは心の平静さを失わせます。原因が分からないことは、不安や不信を抱かせます。それがストレスを感じる原因になるというのなら、解消する方法ははっきりしています。患者の精神面に変化が起こるメカニズムを理解することです。

　たとえ患者の問題行動そのものをなくすことができなくとも、行為に至る心理状態を把握することができ、何故そうした行動が発生するのかが理解できていれば、介護者が抱く不安や恐れは軽減されます。意味が分からない行為に対しては、不快感や苛立ちしか感じなくとも、その行為に至るまでの心

理的なプロセスが把握できれば、共感を得ることもできるからです。

　そして、より重要なことは、問題行動を起こす理由が分かるということは、対処法も見えてくるということです。これについては第五章で詳述することになりますが、ともかく、認知症と向き合っていく上で、患者の心理を理解することには、とても重要な意味があります。

　しかし、認知症は脳が損傷する病であるという説明からは、最も肝心な部分である、患者の心で実際に何が起こっているのかについて、具体的な回答を得ることができないのです。これでは、病の本質を十分に示しているとは言えません。

　以上のような理由から、「認知機能が障害を受ける」とする捉え方と、「脳が障害を受ける」とする捉え方は、どちらも等しく問題を抱えていると言えます。ともに、認知症という病の一端を示しながら、その本質を捉え切れてはいないのです。

　「本質」という言葉を、難しく考える必要はありません。結局のところ、本質を表すのに使われる定義や概念、理論といったものが適切であるかどうかは、それが有用かどうかで判断できます。単純に役に立つのであればよく、そうでなければ価値はないのです。

　ですから、この本で行う考察の目的は、ごく単純な結論を出すことに集約されています。それは、認知症という病では、本当は「何が」障害されているかを明らかにすることです。

第二章　認知症に関する基礎知識

　ここまでは既存の認知症理解の枠組みがもつ問題点を指摘してきましたが、それは認知症という病の本質を知るための取っかかりを示したにすぎません。

　認知症の本質に迫るためには、より深い部分にまで考察を広げる必要がありますし、そのためには、前提として現在までに把握できている認知症に関する情報を整理しておく必要があります。

　これを踏まえて、この章では認知症に関する基礎知識を確認していきます。なお、ここで取り上げるものは、あくまでも従来の定義や基準ですので、それらについて十分な知識をもっているという方は、第三章まで読み飛ばして頂いてかまいません。

第一節　認知症の定義と診断基準

1. 定義

　まずは認知症の定義の再確認から行います。すでに述べたように、認知症は病名ではなく、意識障害を伴わずに記憶力や判断力が低下した状態を示す症候群のことです。

　代表的な定義を示しますと、以下のものが挙げられます。

厚生労働省の定義

　「生後、いったん正常に発達した種々の精神機能が慢性的に減退・消失することで、日常生活・社会生活を営めない状態」。

日本神経学会の定義

「認知症とは、一度正常に発達した認知機能が後天的な脳の障害によって持続的に低下し、日常生活や社会生活に支障をきたすようになった状態を言い、それが意識障害のないときにみられる」。

2. 診断基準

次に、認知症の診断基準について見ていきます。世界的に広く用いられている認知症の診断基準としては、世界保健機関（WHO）によるものと、アメリカ精神医学会（APA）によるものがあります。

世界保健機関の認知症診断基準

「国際疾病分類第10版（ICD-10）」

G1. 以下の各項目を示す証拠が存在する

　1）記憶力の低下

　　新しい事象に関する著しい記憶力の減退。重症の例では過去に学習した情報の想起も障害され、記憶力の低下は客観的に確認されるべきである。

　2）認知機能の低下

　　判断と思考に関する能力の低下や情報処理全般の悪化であり、従来の遂行能力水準からの低下を確認する。

　1）、2）により、日常生活動作や遂行能力に支障をきたす。

G2. 周囲に対する認識（すなわち、意識混濁がないこと）が、基準G1の症状をはっきりと証明するのに十分な期間、保たれていること。せん妄のエピソードが重なっている場合には認知症の診断は保留。

G3. 次の1項目以上を認める。

　1）情緒易変性

　2）易刺激性

　3）無感情

4)社会的行動の粗雑化

G4. 基準G1の症状が明らかに6ヶ月以上存在して確定診断される。

アメリカ精神医学会の認知症診断基準

「DSM-Ⅲ-R　精神疾患の診断・統計マニュアル改訂第3版」

A. 記憶（短期・長期）の障害

B. 次のうち少なくとも1項目以上

1)抽象的思考の障害

2)判断の障害

3)高次皮質機能の障害（失語・失行・失認・構成障害）

4)性格変化

C. A・Bの障害により仕事・社会生活・人間関係が損なわれる。

D. 意識障害のときには診断しない（せん妄の除外）。

E. 病歴や検査から脳の器質的疾患の存在が推測できる。

「DSM-Ⅳ-TR　精神疾患の診断・統計マニュアル第4版テキスト改訂版」

A. 多彩な認知障害の発現。以下の2項目がある。

1)記憶障害（新しい情報を学習したり、以前に学習していた情報を想起する能力の障害）

2)次の認知機能の障害が1つ以上ある。

　a. 失語（言語の障害）

　b. 失行（運動機能は障害されていないのに、運動行為が障害される）

　c. 失認（感覚機能が障害されていないのに、対象を認識または同定できない）

　d. 実行機能（計画を立てる、組織化する、順序立てる、抽象化すること）の障害

B. 上記の認知障害は、その各々が、社会的または職業的機能の著しい障害を引き起こし、また、病前の機能水準からの著しい低下を示す。

Ｃ．その欠損はせん妄の経過中のみに現れるものではない。

　ここまでの内容を少しまとめておきます。

　現状では、認知症はその名の通り、認知機能の障害が中核であると考えられています。障害される機能としては、記憶、判断、言語、学習、知覚などが含まれます。情緒や人格的な面にも障害は認められますが、ただし、それはあくまでも二次的、あるいは随伴して見られる症状に過ぎないと考えられています。

　認知機能の低下が見られても、患者が意識障害を起こしている場合は、認知症ではなくせん妄と診断されます。

　また、DSM-Ⅳでは、認知症の診断には単純な記憶障害よりも、社会的・職業的に重大な障害をもたらすことが求められる傾向にあります。

　症状は一過性のものではなく、一定期間持続することが求められます。そして、症状は時間経過とともに悪化します。悪化の過程は原因疾患により様々で、比較的緩やかな場合もあれば、急激に進むこともあります。

　以前は、認知症の定義のなかに不可逆性、つまり「治らない」という基準がありましたが、これは現在は除外されています。認知症の中にも、治療・回復可能なものがあることが確認されたためで、これらは可逆性認知症（reversible dementia）などと呼ばれます。

　認知症は後天的な障害なので、いったん発達した知能が低下した病態を指します。また、脳の器質性障害と定義されていることから、病態の基盤には、脳の物理的な損傷が求められています。これはCTやMRIなどの画像診断で確認することができます。

　最後にこれは付け足しになりますが、認知症は記憶障害があることを前提として語られることが多いのですが、実際にはそうとは限りません。原因疾患の中には、前頭側頭葉変性症など、記憶障害が必ずしも症状の中心にはならないものがあります。そのために、認知症の定義は今後変更される可能性があります。

第二節　認知症の症状

　認知症の症状は、第一に、脳に器質的な損傷が生じる（神経細胞が壊れる）、第二に、その結果として直接的に現れる「中核症状」、第三に、中核症状に伴って現れるとされる「周辺症状（心理・行動症状：BPSD　Behavioral and Psychological Symptoms of Dementia）」という三段階で捉えられています。

　ここでは、中核症状と周辺症状について説明します。

1.　中核症状

　中核症状は、脳の神経細胞が障害されることが直接の原因となって起こる症状を指し、認知機能障害ともよばれます。認知症患者に常に見られ、認知症の定義を構成する諸症状であり、記憶障害、失認、失語、失行、遂行機能障害などがあります。

　認知症の典型的症状として、多くの人がイメージするのは記憶障害で、いくつかの例外を除けばそれは間違っていません。

　一般的に、人間の記憶は記銘、保持、再生の3過程から成ると考えられています。認知症では、この3つのいずれにも障害が出ます。

　記憶は内容からは、陳述記憶（エピソード記憶や意味記憶）と非陳述記憶（手続き記憶など）に分けられます。また、記憶を保持する時間の長さから分類する方法もあり、即時記憶、近時記憶、遠隔記憶に分けられます。

　記憶障害の受け方は多様で、原因疾患によっても違いがあります。例えば、アルツハイマー病の場合には、主に近時記憶から障害されます。

　注意すべきなのは、認知症における記憶障害は、記憶という機能に限定された健忘症候群ではないということです。

　良性健忘であれば、記憶保持や再生に不具合が出ても、メモをとる、やるべきことを先延ばしにせず、すぐに処理するなどの対策をとることができま

す。しかし、認知症の場合は、記憶障害の進展に加えて、自身の健忘に対する無関心や否認が加わります。これは病態失認とよばれます。

病態失認は、通常の失認とは少々性質が異なります。失認とは、目や耳の機能は正常なのに、視覚や聴覚の情報が正しく認知できない症状を指します。つまり、一定の感覚路を介する情報処理系の障害を意味しています。

これに対して病態失認は、病態への無関心や否認を中心的な症状としています。これは単純な認知機能の障害とは一線を画しています。このために、両者は用語は類似していても、異なるカテゴリーに属するものとして扱われることが多いのです。病態への自覚のなさは不適応行動に直結するために、認知症の重大な標識とされることもあります。

日常生活への支障という点から見れば、記憶障害以上に重視すべきなのが遂行機能障害です。実行機能障害ともよばれるこの障害は、DSM-Ⅳに至ってはじめて認知症の診断基準に導入された概念です（DSM-Ⅲ-Rでは、抽象的思考、判断の障害という項目がありました）。

この障害では、行動の段取りが立てられない、計画できない、状況を判断できないなど、物事を順序立てて行うことができなくなります。

同時に二つ以上に行為を組み合わせることが困難になり、自身の行為の結果を確認したり、評価（フィードバック）することもできなくなります。記憶力の低下も、もちろん行動の制限につながりますが、遂行機能の障害は、行動の統合性や目的性といったものを損ねるために、行動自体を無意味なものとしてしまいます。そのために、社会的・職業的機能に重大な障害をもたらすことになります。

2. 周辺症状

周辺症状とは、中核症状があるために、周囲の状況によって生じる症状であり、認知症に常に見られるものではありません。最近では、BPSD（Behavioral and Psychological Symptoms of Dementia＝認知症の行動・心理症状）

という名称が使われることも多くなっています。

　症状としては、せん妄のような意識障害の一病態から、もの盗られ妄想や嫉妬妄想に代表される妄想や幻覚、あるいは不安、焦燥、不眠、徘徊、食行動異常、うつ症状、暴言や暴力などの攻撃性増大、介護拒否などがあります。

　周辺症状は認知症を定義づけるものではなく、あくまで認知機能の低下に伴い二次的に発生する症状とされています。しかし、それは中核症状よりも重要度が低いことを意味しているわけではありません。

　実際の介護の現場で問題になるのは、むしろ周辺症状であることが多いのです。もの盗られ妄想や嫉妬妄想、暴言、暴力など、認知機能の障害としては理解が難しい症状群は、介護者に大きな混乱と負担を強いることになります。症状に対する誤解や、あるいは患者の心理への無理解から、不適切な対応をとることで人間関係に問題が生じ、一層症状が悪化することも少なくありません。

　逆に言えば、症状や患者の心理を理解し、適切な対応をとることができれば、周辺症状は改善されます。中核症状は脳障害から直接生み出されるものですから、その治療は投薬など医学的な側面が強くなります。これに対し、周辺症状の治療には患者と介護者の関係性が重要な意味をもつことになります。

第三節　原因となる病気

　認知症は症状レベルの概念ですから、原因となる疾患は複数あります。原因疾患を細かくあげると数十以上になるため、同じ症状でも、異なる疾患から生じる場合が多々あります。当然、それぞれに治療法は異なるので、とてもやっかいです。

　ここでは代表的な疾患をいくつか取り上げ、簡単に解説しておきます。

1. アルツハイマー病

　まず現在最も多いとされる原因疾患はアルツハイマー病で、原因疾患の約4～6割を占めるとされます（調査時期や地域によって割合は異なります）。これは変性疾患の一つで、原因はよくわかっていませんが、脳の神経細胞が死滅、脱落して、その結果、脳が萎縮します。

　アルツハイマー病には65歳以前に発症する早期性のものと、以後に発症する遅発性のものがあります。両者とも、脳に神経原繊維変化や老人斑といった特有の顕微鏡所見があり、基本的な違いはないとされます。

　アルツハイマー病は徐々に脳の神経細胞が減少していくので、症状は徐々に進行します。脳の萎縮は、記憶を司る海馬から始まり、その後、側頭葉、頭頂葉へと広がっていきます。画像検査では、MRIで全体的な脳の萎縮が確認され、特に海馬で顕著な萎縮が見られます。SPECTでは初期には頭頂葉の一部、進行期では前頭葉にも血流の低下が見られるようになります。

　症状は進行の段階で異なります。進行段階は「軽度」「中等度」「高度」の三段階に分けられます。

　軽度の段階では、記憶障害（物忘れ）が特徴的な症状として現れます。少し前の出来事を脳にメモするような機能が損なわれ、同じ質問を何度も繰り返したり、物をどこかに置き忘れたり、約束したこと自体を忘れたりします。見当識障害も見られ、年月日があやふやになってきます。このような症状のため、働いている人では、失敗を繰り返して仕事に支障をきたすようになります。

　中程度の段階では、記憶障害は近時記憶だけでなく、長期記憶にも及ぶようになります。簡単な計算も難しくなり、釣り銭の計算ができなくなります。見当識障害は時間だけでなく、場所に及び、初めは家から遠い場所で迷うようになり、次第に近所でも迷うようになります。言語障害も進み、「あれ」「それ」といった代名詞が増え、文法にも乱れが出てきます。

　また、この段階では、記憶障害だけでなく行動障害が全面に出てくるよう

になります。徘徊、いらいら、気分の急激な変化が見られ、興奮や攻撃的な言動が見られます。本人の混乱も大きくなるので、混乱期ともよばれます。

　高度の段階では、人物の区別がつかなくなり、夫や妻、自分の子どもまで分からなくなります。着衣や排便、入浴も困難になり、日常生活全般にケアが必要になります。言葉も失われていき、文法が乱れて何を言っているのか分からなくなり、使える言葉も減っていきます。

　最重度になると、歩行や食事も困難になり、寝たきりになる人も出てきます。覚醒、睡眠リズムもはっきりしなくなります。寝たきりになると、肺炎などの合併症を起こすことも多くなります。発病からの生存期間は、多くの場合3〜5年程度です。

2.　脳血管性認知症

　認知症の原因疾患としてアルツハイマー病に次いで多いとされるのが、脳血管性認知症で、全体の約1〜2割を占めるとされます。

　脳血管性認知症は、脳血管障害を基盤として起こる認知症の総称です。認知症の症状があり、症状や画像診断で脳血管障害が確認され、両者に因果関係が認められる場合に、血管性認知症と診断されます。もともとは血管の病と考えられ、医学的治療や予防を論じるときには、アルツハイマー病とは全く異なる疾患として考える必要があります。

　認知症に至る脳血管障害には、多発性梗塞といわれる、脳の小さな血管に梗塞が繰り返し生じるタイプが多いとされます。この場合は、発症時期が明確ではなく、徐々に始まります。

　また、大きな血管の梗塞が生じて、その後遺症の一つとして認知症が見られる場合もあります。この場合は、意識障害や麻痺などの症状をもって急激に発症することが多いのですが、認知症と診断するには、定義上、意識障害がなくなる程度の回復を待つ必要があります。

　アルツハイマー病では末期の病態として現れる意識障害が、脳血管性認知

症の典型例では初期から前面に現れます。初期のそれはごく軽度で、覚醒度の低下と表現することもできます。主に注意の障害として観察され、健常者が極度に疲労困憊している状態によく似ています。

症状としては、注意散漫になる、物事に無頓着になる、居眠りが多くなる、何事にもやる気がなくなるといったものが挙げられます。他に特徴的な症状としては、夜中に大騒ぎする、うつ症状がある、痛みやしびれなど身体的な症状を訴える、情動が抑えられず、突然泣いたり笑ったりする、早期から歩行障害や尿失禁が現れるなどがあります。

アルツハイマー病の脳には全般的な萎縮が見られるのに対して、脳血管性認知症は脳の血管に梗塞や出血が生じ、その血管によって養われていた脳の部分だけが損傷を受けます。つまり、損傷を受けた脳と損傷が及ばなかった脳とが併存しています。脳障害は局所的であり、この結果、種々の知的機能のうちあるものは深く侵され、あるものは機能が保持されているというように欠落症状が不均一になります。

症状の現れ方にも特徴があり、アルツハイマー病のようにいつのまにか発症し、徐々に進行していくのではなく、脳卒中の発作がきっかけとなって、突然発症します。新たな梗塞が生じると、その時点で急激に認知症が深まり、以後はプラトー、つまり進行の見られない、安定した時期が続きます。脳卒中の再発に合わせて段階的に進むのが典型的で、脳血管性認知症は脳卒中の再発を防ぐことで、進行をくい止めることができます。

3. 前頭側頭葉変性症

認知症の原因となる前頭側頭葉変性症は、脳の前頭葉や側頭葉が萎縮し、それにより特徴的な精神症状や言語症状が現れます。認知症全体に占める割合としては1〜3％程度と少ないのですが、その独特の症状から多くの研究者に注目されています。

この病気は、前頭側頭型認知症、意味性認知症、進行性非流暢性失語とい

う３つのタイプに分類されます。

　前頭側頭葉変性症は、100年以上前に発見され、当初はピック病と呼ばれていました。検査技術の進歩により脳の解析が進むことで、多くの病態の集合であることが判明し、近年、その総称が前頭側頭葉変性症と定められました。前頭側頭葉変性症に含まれる病気の範囲については、現在も専門家の間で議論が行われており、今後、変更される可能性があります。

　前頭側頭葉変性症は、多くの場合、アルツハイマー病などと異なり、記憶はある程度保たれています。しかし、それ以外に非常に特徴的な症状が現れます。

　前頭葉の萎縮に伴い、社会的抑制が外れ、他人の目を気にすることなくやりたいことをやるという行動が現れます。その中には、万引きのような反社会的行動も含まれます。ただし、この場合でも本人には悪いことをしているという意識はありません。そのために、隠れて商品をとるのではなく、堂々ととるという特徴があります。当然の事ながら、こうした行動は周囲の人々との間に多くのトラブルを引き起こすことになります。

　この他に、集合時にいつも決まった椅子に座る、毎日同じ道順を歩く、決まったものばかり食べるなどの症状が現れます。これは、ほぼすべての患者に見られるもので、常同行動とよばれます。

　同じ道順を歩き続ける人の中には、かなり長い距離を歩く人もいますが、記憶や視空間の認知が保たれている場合がほとんどなので、道に迷うことはありません。この点で、アルツハイマー病の徘徊とは異なります。決まった時刻、あるいは決まった曜日に、いつも同じ行動をとることもあります。

　側頭葉が萎縮することで、言葉の意味が失われるという症状が現れます。右利きの人の場合、左側の側頭葉が萎縮してくると、言葉の意味が失われるという現象が起こります。逆に、右側の側頭葉が萎縮すると、視覚性の意味が失われます。このような症状以外にも、感情の働きが鈍くなり、無表情になったりすることがあります。

　前頭側頭葉変性症で現れる症状は、前頭葉や側頭葉が萎縮することで起こります。一般的には、前頭葉は人間の最高次の中枢とよばれ、意欲や自発性、行動の計画と遂行、状況の判断などに関わるとされます。脳の他の部位をコントロールするのも前頭葉の重要な働きであり、様々な行動の抑制を担うと考えられています。前頭側頭葉変性症で現れる行動傷害の多くは、この抑制が外れることで起こると考えられています。前頭葉は、人間的行動をするための司令塔であり、それがうまく機能しなくなると、その人らしさが失われていくことになります。

　側頭葉は、知識の貯蔵庫ともよばれており、意味記憶を司る働きをしています。ここが萎縮してくると、言語性の意味が失われたり、視覚性の意味が失われます。

　前頭側頭葉変性症では、前頭葉や側頭葉の萎縮が起こりますが、この現象が起こる原因は明らかになっていません。

4. その他の原因疾患

　その他の原因疾患として比較的多く見られるのは、レビー小体（神経細胞の中に現れる特殊なたんぱく質）型認知症やパーキンソン病（脳の異常のために体の動きに障害が現れる病気）を伴う認知症です。

　レビー小体型認知症は1995年に提唱され、国際的に使われるようになった比較的新しい病名です。レビー小体型認知症では、認知機能障害に加え、幻視などの特徴的な症状が現れます。また、パーキンソン病との関連も深く、パーキンソン病の症状（パーキンソニズム）が現れることもあります。

　レビー小体型認知症では、主に記憶や感情と関係している大脳辺縁系の細胞が死滅します。進行すると記憶に関わる海馬が萎縮します。大脳皮質や扁桃体など、大脳の広い範囲にレビー小体が出現し、それが神経細胞の死滅に関わっているとされています。レビー小体は大脳から脳幹へと次第に広がります。

　一方、パーキンソン病でもレビー小体が見られ、その場合は、まず脳幹に出現します。後に大脳に広がり、認知機能が障害されることがあります。これらは症状の現れ方で区別されています。すなわち、パーキンソニズムより先に認知機能障害が始まればレビー小体型認知症とされ、逆に、パーキンソニズムから始まり、そのあとに認知機能障害が出現すれば、認知症を伴うパーキンソン病と診断されます。

　ただし、脳の病変は、レビー小体型認知症も、認知症を伴うパーキンソン病も共通しています。このため、これらをまとめてレビー小体病と考えることもあります。

　なお、レビー小体型認知症は、調査によっては原因疾患全体の2割程度を占める場合もあり、アルツハイマー病と脳血管性認知症と合わせて三大認知症と呼ばれることもあります。

　これ以外にも、クロイツフェルト・ヤコブ病など、認知症に関係する疾患は多くありますが、ここでは省略します。

第三章　認知症という病の本質

　認知症に関する基礎知識（第二章を参照）を踏まえた上で、ここからは本著の主題である認知症の本質に関する考察に入ります。

　認知症の原因疾患は様々で、その症状も多様です。そこから見えてくる病の性質は複合的で、だからこそ本当には「何が」冒されているかが分かり難いのです。認知症を理解するということは、この「何が」を知ることであり、それを明らかすることが、この章の目的となります。

　認知症という病を理解する上で、大きな妨げとなるのは、この病がもつ多様性と複合性です。認知症で現れる症状は多種多様で、しかも質の異なるものが入り混じっています。この複雑さこそが、認知症をつかみにくいものとしているのです。

　こうした病の在り方は、分かりやすく「〜障害」と呼称することを容易には許しません。だからこそ、「認知症」というひどくぼかした名称がつけられているわけですが、それが適切でないことはすでに述べたとおりです。

　病のもつ多様性と複合性を、「認知」という広範な概念の中に隠してしまっては、病への理解は進みません。それでは患者や介護者の抱く不安は解消されないのです。

　だからといって、現れる症状の一つひとつを細かく分解して、それぞれを個別に見るべきかといえば、それも違います。

　複雑な現象を小さい要素に分けることで単純化し、それによって理解を進めるのは、科学的アプローチの常套手段です。

　しかし、それは必ずしも万能の方法ではありません。単純化することで見えてくるものは多いのですが、その反面、単純化することで見えなくなるものもあります。いたずらに分解するだけでは答えは得られないのです。

　重要なのは、表面上の複雑さに惑わされることなく、起きている現象の「核」となるものを見つけだすことです。認知症という病は、多くの要素を含んでいますが、それは決して無秩序に集まったものではありません。そこには一定の法則があり、多様で異質な症状群にも、それらを結びつける原理があります。この原理こそが認知症という病の核であり、これを見つけだすことが、病の正しい理解につながるのです。

　それでは、認知症の核とは何でしょうか。先に結論から述べておきますと、それは自分を自分たらしめるもの、人がもつ「たましい」と呼べるような部分を障害するものです。これが具体的にどういう意味をもつかは、以降の考察で順次明らかにしていきます。

第一節　認知症研究に見える理論的欠陥

　第一章において、現行の認知症研究がもつ不明瞭な点について指摘しましたが、ここではまず、従来の研究がもつ理論的な欠陥について、より詳細に検討していきます。これにより、これまで支持されてきた考え方の限界を示すとともに、従来の研究に足りなかった部分や、新しく必要となる要素についての知見を深めていきます。

　現行の理論では、認知症の症状は、大きく分けて「中核症状」と「周辺症状」からなるとされています。

　中核症状とは、脳の神経細胞が障害されることが直接の原因となって起こる症状を指し、認知機能障害ともよばれます。認知症患者には必ず見られるもので、認知症の定義を構成する諸症状であり、記憶障害、失認、失語、失行、遂行機能障害などがあるとされています。

　周辺症状とは、中核症状があるために、周囲の状況によって生じる症状であり、認知症に常に見られるものではないとされています。最近では、BPSD(Behavioral and Psychological Symptoms of Dementia ＝認知症の行動・心理

症状）という名称が使われることも多くなっています。

　症状としては、せん妄のような意識障害の一病態から、もの盗られ妄想や嫉妬妄想に代表される妄想、あるいは不安、焦燥、不眠、徘徊、食行動異常、うつ症状、暴言や暴力などの攻撃性増大、介護拒否などがあります。

　周辺症状は認知症を定義づけるものではありません。あくまでも、認知機能の低下に伴い二次的に発生する症状とされています。

　ただし、それは中核症状よりも重要度が低いことを意味しているわけではありません。実際の介護現場で問題になるのは、認知機能障害よりむしろ周辺症状であることが多いからです。

　この二つの症状を中心とする認知症は、理論的には次のような構図で理解されています。認知症はまず、脳障害が中核症状を引き起こし、さらに中核症状に心理的、状況的要因が加わることで、二次的に周辺症状が現れるとされています。これを簡単に図式化すると、以下のようになります。

脳障害（器質性障害）→中核症状（認知障害）→周辺症状（心理症状）

　この図式で表される理論は、シンプルなだけに理解しやすいというメリットがあります。現在の認知症理解の基礎と言えるものです。

　この理論のポイントは二つあります。一つは、認知症の根本的な原因が、脳障害という器質性障害にあるとしている点です。そしてもう一つは、中核症状と周辺症状の関係を二次障害という構図で把握している点です。ここでは、これら二つの要点がもつ重大な欠陥について説明したいと思います。

1.　欠陥その一

　一つ目の欠陥は、根本的な原因を脳に対して求めることで生じる弊害（へいがい）です。

　認知症は症状レベルの概念ですから、原因となる疾患自体は複数あります。代表的なものとしては、アルツハイマー病、脳血管性認知症、レビー小体型

認知症、前頭側頭葉変性症などがあります。

　これらはそれぞれに全く異なる性質を持つ疾患であり、医学的治療や予防を論じる際には完全に別物として扱われています。共通するのは、それが認知症として扱われる症状を起こすという点と、脳で生じる疾患であるという点です。

　異なる疾患、異なる損傷箇所でありながら似通った症状が出るというのは興味深い点ですが、とにかく、疾患の種類が何であれ、認知症の根本的な原因が、脳の器質的な異常にあると考えられていることは間違いありません。

　脳が損傷することで、損傷した部位に対応する心理的な異常が起こるという捉え方が示すものは、「脳の異常（原因）」→「心理的な異常（結果）」という、とてもシンプルな構図です。

　この構図に従うのであれば、認知症という病を理解するための要は当然、脳ということになります。

　原因疾患の発症メカニズムはどのようなものであるのか。病の進行はどういった形で進んでいくのか。患者の状態はどのように変化するのか。また、それに伴って患者から何が損なわれていくのか。これらはすべて脳との関連で研究され、理解を進めていくことになります。

　しかし、これは逆に言えば、認知症という病の理解は、脳という器官の働きをどれだけ明らかにできたかに、大きく左右されることを示しています。もっと言えば、脳に対する理解度に応じて、病に対する理解度は制限を受けるということです。

　そして現状では、多くの人が考えているほどには、脳への理解は進んでいません。現在までの研究で比較的明らかにされているのは、脳の部位ごとに分担された主な働きについてです。

　例えば、前頭葉は思考や運動の中枢として機能し、頭頂葉は空間認識や感覚の中枢として機能しています。側頭葉は言語や聴覚、嗅覚の働きを司り、後頭葉は視覚の働きを司っています。海馬は記憶に関係し、扁桃体は情動に

関係することがわかっています。これらの部位が、病や事故によって損傷した場合、それに対応した機能が障害を受けることになります。

　しかし、ここで注意しなければならないのは、人間の心というものは、単なる機能の寄せ集めとしてできているわけではない、ということです。

　認知、言語、感覚、運動、情動、感情といったものは、すべて心の作用ですが、どれもその一部でしかありません。そして、これらの機能を寄せ集めれば、それで人間らしい心になるかといえば、そんなことはありません。

　人間の心に備わる諸々の機能は、どれ一つとして独立して働いているようなものはなく、すべてが連動して作用しています。機能間には相互に密接な関係性があり、互いの働きがスムーズに連携することで、はじめて充分な成果を挙げることができます。

　そして、この連携の仕方も決して無秩序のものではありません。一定の法則、一定の原理のもとで作用することで、きちんとした意味をもった、まとまりある活動として成立しています。

　性質の大きく異なる機能が、共通の方向性を保ちつつ、きれいにまとまるという点こそが、心がもつ最大の特性であり、それがどういったメカニズムで行われているかを理解することが、心の働きを知る上で最も重要なことです。

　どのような原理が心を一つにまとめているのか。心は全体としてどういった方向性をもっているのか。何を目指して作用しているのか。これらが理解できないまま、各機能の細部を分析したところで、心への理解を深めることはできません。

　人間は自身の状態を意識することができ、自分が生きているという確かな自覚があり、そして、自分はこうありたいという意志をもっています。

　人の心は、バラバラに分裂したものではなく、すべての機能は一つの意識、一つの自覚、一つの意志のもとに統合され、まとまりある心の形を見せています。それは人柄や性格といったものに反映されて、それぞれの人がもつ特

徴に応じて、独特な姿を見せることになります。

　人間の心を理解するには、こうした意識や自覚、意志、自我、人格といった事柄に対しても踏み込んでいかなければなりません。それらを無視して、人間という存在を理解することはできないからです。

　他者の心を理解しようとするとき、その人の脳がどういった状態にあり、血流がどの部位に集中しているかを知ったところで、ほとんど役には立ちません。その人がもつ人柄や性格がどのような性質を持ち、どのような意志や自覚をもって生きているかを把握しなければ、心を理解したとは言えないのです。

　しかし、現状での脳研究はその段階には届いていません。脳と心の間には依然として深く大きな溝があり、それは解決困難な問題、「ハードプロブレム」として立ちはだかっているのが実情です。

　単純な機能低下が問題の全てであるなら、そこまでの理解は必要ないのかもしれません。しかし、認知症という病がもたらすものは、決して単純な機能低下だけではありません。認知症の介護や看護に関わった人であれば誰でも気づくことですが、この病はより深刻で、より重い意味をもつものを患者から損なわせてしまっています。

　認知症がもつ影響力は、患者がもつ心の在り方の全般に及び、これを揺らがせ、崩し、ついには壊してしまいます。ただ記憶が失われるというだけでなく、自分という存在の土台に深刻なダメージを与えるのが、認知症という病なのです。

　認知症がそうした病である以上、患者の内面に何が起きているかを知ることは不可欠と言えます。

　しかし、脳をもとにしたアプローチでは、患者の内面深くまで理解を進めることができません。脳の作用に基づいた説明ができる範囲、認知や言語、感覚、運動といった一部の機能面での話にとどまり、それ以上は踏み込むことができないからです。結果として、患者の心に対する理解は制限されてし

まい、認知症という病への理解もそのラインを超えることができなくなります。これが、現状の理論がもたらす第一の欠陥です。

2. 欠陥その二

　二つ目の欠陥は、認知症の中核症状を、認知機能障害とすることによって生じる弊害です。

　現在の理論では、認知症の中核症状は、認知機能の障害にあるとされていますが、そもそも認知機能とは何かという肝心の部分が明確ではありません。

　中核症状は、脳の神経細胞が障害されることが直接の原因となって起こる症状とされる点で、周辺症状と区別されています。中核症状は認知症の症状の基盤とされますが、障害を受けるとされる認知機能には、例を挙げれば、一般的知能、学習と記憶、言語、知覚、問題解決能力、注意と集中、判断、社会的能力、遂行機能などが含まれています。

　これを見ても分かるように、認知機能に含まれる作用の種類は多く、色々な機能が含まれています。その中には、比較的単純なものもあれば、複数のプロセスをもつ複雑な機能もあります。これらに共通しているのは、「何かしら知的能力に関係するもの」ということであり、逆に言えば、それ以外の性質や作用については、全く異なったものが、ごちゃ混ぜにされているのです。

　これは、認知機能という用語が、非常に広い範囲をカバーするものであり、その分だけ内容が薄く、曖昧なものであることを示しています。はっきり言ってしまえば、認知機能とは何を指す働きなのか、よくわからないということです。

　例えば、診断で重視される障害の一つに、遂行機能障害があります。実行機能障害ともよばれるこの障害は、認知機能障害の一つとしてDSM-Ⅳに至ってはじめて認知症の診断に導入された、比較的新しい概念です（DSM-Ⅲ-Rでは、抽象的思考、判断の障害という項目がありました）。

　この障害では、行動の段取りが立てられない、計画できない、状況を判断できない、物事を順序立てて行うことができないといったことが起こります。また、同時に二つ以上の行為を組み合わせることが困難になり、自身の行為の結果を確認したり、評価（フィードバック）することもできなくなります。

　この説明を見ても分かるように、遂行機能障害は、かなり複雑なプロセスをもつものであり、他の単純な障害、たとえば記憶障害や言語障害といったものとは、明らかに性質の違うものです。

　しかし、これほども違いのあるものが、認知機能障害という枠組みで、ひとまとめにされているのです。共通する要素は、ともに知的能力に関係するといった程度でしかないにもかかわらずです。

　知的能力に関係するといっても、それはどこまでを指すのでしょうか。見方によっては、人間が行うあらゆる行為にはすべて知的能力が絡んでおり、そうであるなら、人間の心はすべて認知機能で説明できるということになってしまいます。

　驚くべきことなのですが、実際に、近年の認知心理学の分野では、心的活動の「知」だけでなく「情」や「意」も含めようとする動きがあります。しかし、そうなりますと、認知という言葉はさらに多くのものを含むことになり、それだけ中身はいっそう薄いものとなります。

　心の全てを認知機能で説明しようとするのは、実のところ、ただ「心」という言葉を「認知」という言葉に置き換えただけに過ぎません。大きくて目の粗い網は、多くの物をすくえているようで、実はほとんどを取りこぼしてしまいます。意味の広い概念は多くのことに適用できますが、実際には何も説明できてはいないのです。ただ、説明しにくいことをごまかすのに都合よく使われるだけです。

　認知機能という概念は、とても多くのことを含んでいるので、それが本当は何を指しているのかが、はっきりしません。当然のことですが、認知機能が障害されるという場合、実際のところ、患者の「何が」障害されているの

かが、曖昧なままになってしまうのです。

　認知症において、記憶や言語、知覚といった幅広い領域に障害が出ること
は間違いないことです。しかし、それら自体は認知症に特有の障害というわ
けではなく、認知症以外の病でも起こりますし、もっと言えば、ただの老化
でも起こることです。

　認知症という病の核が何であるのかを説明するのであれば、そうした認知
症以外で起こる障害と認知症との違いがどういった部分にあるのか、その区
別をはっきりさせなければならないでしょう。

　実際に、老化における記憶障害と認知症における記憶障害には、はっきり
とした違いがあり、その違いが認知症を対処困難なものとしています。しか
し、それも認知機能障害という形で一緒くたにしてしまっては、両者の区別
がつかなくなってしまいます。

　症状の基盤を成すものを中核症状と位置づけるのであれば、それは多様な
症状が起こる理由を説明できるだけの、具体性をもった概念で示すべきです。
それをせずに、患者に現れる多様な症状について、すべて認知機能が障害さ
れた結果として扱うのは、病に対する理解を放棄しているに等しいと言える
でしょう。結果として、認知症とは「何を」障害する病であるかが、はっき
りしないままになってしまいます。これが、現在の理論がもつ第二の欠陥で
す。

3.　欠陥その三

　三つ目の欠陥は、症状の基盤を認知機能の低下にあるとしているために、
それ以外の症状を、周辺症状という形で、「二次的な障害」として捉えざる
を得なくなっていることです。

　こうした構図で捉えた場合、重要度が高く、優先的に取り扱われるのは、
常に一次障害のほうになります。なぜなら、一次障害を解消することができ
れば、自然と二次的に生じる障害も解消できるからです。

認知機能が障害を受けた結果、周囲の人々との関係が悪化することで生じるのが周辺症状であるとするのなら、必然的に、認知機能の状態改善を優先して、その治療に力を注ぐことが求められるようになります。それができれば、周辺症状も収まり、介護や看護に関する問題も解消されることになるからです。当然、重要度という点では、周辺症状は認知機能障害よりも一段低い位置に置かれることになります。

しかし、認知症の実態は、こうした見立てとは大きなズレがあります。

まず、認知症における周辺症状、つまり心理症状は、認知機能の障害の結果として生じるというような、そんな理屈で理解できるような甘いものではありません。

例えば、物忘れが原因でトラブルになるといったことは、誰にでも経験があると思います。うっかりして約束を忘れてしまったり、ちょっとした思い違いや勘違いが原因で、他者との関係がギクシャクしたりすることは何も珍しいことではありません。そんなことは日常生活ではありふれたことであって、逆に言えば、それで周囲の人との関係性が決定的にこじれるようなことはほとんどありません。

物忘れ以外にも、失語や失行、遂行機能障害といったものも、高齢になれば多かれ少なかれ生じるものです。かつて簡単にできていたことが、思ったようにできなくなることには強いストレスを感じるものですし、それで苛立ちを募らせることはあるとしても、それでも多くの人はうまく折り合いをつけて、周囲の人々との関係を保ちながら社会生活を送ることができています。

しかし、認知症患者のケースでは、社会生活を破綻させるほどのレベルで、心理症状が起こります。不安や焦燥、妄想、うつ症状、暴言、暴力、攻撃性の増大といったことが頻繁に、それも一時的ではなく持続性をもって起こるために、あたかも人柄が変わってしまったかのような変化が生じます。

このような状態が長く続けば、周囲の人たちとの関係が悪化するのは当然のことで、それが修復不可能な段階にまで進むと、社会生活そのものが破綻

してしまうことになります。これは明らかに、認知機能が障害を受けたことで結果的に起こるといったレベルのものではありません。

　実際に、介護や看護の現場において最大の課題とされているのは、いかに心理症状に対応するかという点です。

　その症状の多様さ、個人差の大きさ、そして非社会性の高さは、介護職のベテランでも対応が困難なほどであり、多くの人が悩み、苦しんでいます。心理症状が、本当に認知機能障害が起こった結果として現れるだけのものであるのなら、それほど対応に苦慮するでしょうか。認知症の介護や看護が、現在のように大きな社会問題として取り上げられるでしょうか。

　認知症という病は、ただ単に認知機能が障害を受けるというだけでなく、患者の心理にそれ以上の変化を与えていることは間違いありません。単なる結果としてではない、心理状態そのものの変異を考慮に入れなければ、認知症という病の本質に迫ることはできないのです。

　それにもかかわらず、現在の理論では、心理状態の異常は、ただの二次障害として片づけられ、患者の内面に確かに起きているはずの変化を重要視しないというスタンスをとっています。これでは、介護や看護に携わる人たちが苦労するのも当然と言えます。

　実際に認知症の患者と接する際、最も緊急性の高い課題となるのが心理症状への対応であるにもかかわらず、理論的には重要な位置にありません。中核症状についてくる二次的なものという形をとりながら、現実の対応では心理症状が重要課題となるのは、現実と理論の不一致であり、いびつな関係というしかありません。

　はっきり言えば、これはすべての症状を認知機能に関連づけるための後付の理屈としか考えられないのです。このように、実際の状況との間に大きな溝があることが、現在の理論がもつ第三の欠陥です。

　ここに挙げた三つの欠陥は、どれも看過することのできない問題です。総

じて言えば、病の本質が何であるかがはっきりしないことが、現在の認知症研究における理論的な欠陥と言えます。したがって、この問題を解消するためには、病の本質への理解を促す「新しい枠組み」を提示することが求められることになります。

第二節　新たな枠組み

　現在の理論では、認知症を理解するための根拠を、脳においています。簡単にいえば、脳にどのような異常が起きて、その結果としてどういった症状が現れるのかという図式をもとに病を理解しようとしています。

　しかし、この方法では、脳との関連で把握することが可能な、認知や言語、感覚、運動といった機能面での障害については、ある程度理解できるとしても、それ以外の要素、たとえば脳では十分な説明ができない患者の内面、心理状態の変化や異常については、うまく把握することができません。

　人間の心は単なる機能の寄せ集めではなく、人柄や性格といった形でまとまりをもち、明確な意識や自覚、意志を宿しています。認知症では、認知や運動などの個別の機能面だけでなく、人柄や性格といった精神の総合的な部分にも異常が現れているために、病の本質をつかもうとすれば、当然、そうした面についても理解を深めていかなければなりません。

　しかし、それは脳との関連では十分な説明ができない領域であるだけに、脳を中心に据えた現在の方法では理解を進めることができません。結果として、脳との関連で説明できない領域は、二次的に生じる心理症状という形で扱われてしまっています。

　これでは、認知症という病がもつ本質を理解することは到底できません。だからこそ、現在の理論に替わる、新しい理解の枠組みを構築する必要があるのです。

1. 心の変化を理解する必要性

　それでは、脳以外の何を中心に据えて病への理解を深めていくべきなのでしょうか。

　認知症という病の本質に迫るためには、患者の内面でどういった変化が起こっているかを正確につかむ必要があります。それにはまず、人間の心や精神といったものがどのような構造をもち、どういったメカニズムで構成されるものであるのかを、はっきりさせる必要があります。

　脳の損傷がどの程度で、機能的な障害がどういった規模で生じるかという話以前に、認知症患者の心理状態が普通ではない、異常であるということは、この病に接したことのある人であれば、誰でも直感的に理解しています。

　軽度の段階ではわかりづらくとも、病が進行するにつれて、心理状態の異常は、まるで人柄が変わってしまったと感じられるほどに大きいものとなります。これに全く気づかないということはあり得ません。

　それにもかかわらず、心理的な異常から病の性質に迫ろうとせずに、答えを脳に対して求めようとするのは、何より「心というものを捉えるための基準」がないことに起因していると考えられるのです。

　何が異常であるかを知るための最善の方法は、正常な状態を知ることです。正常な状態を知り、そこからどのような形で外れているかを把握することで、異常の正体を見定めることができます。

　逆に言えば、正常な状態に関する十分な知識がなければ、異常であること自体は感じられるにしても、それがどういった原因で起こり、どのような仕組みで発生しているのかはわかりません。当然、異常をどうやって解消したらよいかもわからないままです。

　心というものがどういった構造をもつものであるのかがわからない限り、心理的な異常を正しく捉えることはできません。心理症状という現象を理解する上では、ここが大きな壁となります。

　脳を中心とする生理学的アプローチとは、ある意味では、わからないもの

にこだわるよりは、理解がしやすい道から進んでいくべきとする、合理的な主張の現れと見ることもできます。それも確かに一つの有効な考え方です。

しかし、わからないからといって患者の心理から目をそらし続けていては、結局はよい成果を得ることはできません。理解を放棄したことのツケは必ず払うときがきます。しかも、それは目をそらした研究者ではなく、介護や看護に関わる人たちが払うことになってしまうのです。こうした事態は避けるべきですし、そのための努力を惜しむべきではありません。

認知症が、患者の心理に多大な影響を及ぼす病である以上、心の構造に対する理解を深めることは避けては通れないことです。記憶障害や言語障害といった機能障害、あるいは不安や焦燥、攻撃性の増加といった心理症状など、そうした表面に現れる症状を追うだけではなく、その背景にどのような心理状態の変化があるのかをつかまなければなりません。それが可能となって、はじめて認知症という病の実像を捉えることができるのです。

2. 評価するための「基準」

従来の理論には多くの欠陥があり、認知症という病の本質を示すには不適当と言わざるを得ません。そうであるのなら、従来の理論に替わる、より正確な理解を進めるための、新しい枠組みを用意する必要があります。

枠組みを用意することは、簡単に言えば、評価の「基準」を設定することです。病に限らず、何かを理解しようとするとき最も重要となるのは、物事を評価し、判断を下すための基準を設定することです。

たとえば、長い、短い、重い、軽いといったごく単純な評価も、それを行うには何らかの基準を設定しなければできません。他に参照するものがないのに、長いも短いもありません。また、評価するときによって長いか短いかが変わるようでは、これも話になりません。動かない定形の基準があり、それと比較することで、はじめて適切な評価ができるようになるのです。

ある物事を評価することは、一定の基準に沿って判断することで、はじめ

てできるようになります。あらかじめ理解のための枠組みを作り、それに当てはめることで、現象が持つ意味をはかるわけです。

　逆に言えば、物事をどのように捉えるかは、それをはかる基準を何に対して求めるかで決まることになります。

　現在、認知症という病を理解するための基準は、脳に代表される生理学的な領域におかれています。これは最も一般的で、最も共通性の高い基準です。

　ただし、勘違いしてはならないのは、その基準は多くの研究者が選択したものではあっても、必ずしも正しいというわけではなく、ましてそれが唯一のものではないということです。

　そもそも、生理学を含む科学の本質とは、観察や実験に基づく「知識の蓄積」にあります。これまでに知り得た情報を積み重ねて、それをもとに仮説を立て検証を繰り返すことで、未知のものを理解しようとするのが基本的なスタンスであって、検証の前提となる情報が不足しており、必要な知識が集められていない状態では、いくらでも間違いは起こります。

　かつて多くの学者が天動説を信じて、地動説を否定したように、情報が足りなければ何が正しいかの判断を誤りますし、誤りを正しいと信じ込んでしまうこともあります。

　そして、知識というものは、どこまで積み重ねても完全という保証はないのです。まだ知り得ていない情報が残されている可能性は常にあります。それを否定するようなら、そもそも科学的思考そのものが成り立たなくなります。

　科学の提示する客観性はとても有益ではありますが、だからといってそれが最善で唯一の基準だ、などと考えることはナンセンスです。必要な情報が得られなければ、それは十分な効力を発揮することができないということを忘れるべきではありません。

　そして、認知症という病を、脳という器官から理解するには、脳に対する知識や情報が決定的に不足しています。

　脳に関する研究は、近年飛躍的に進んでいるとはいえ、まだまだ未解明の部分が多く残されています。何より足りないのが、脳と心の関係を明らかにするパーツです。人だけがもつ人間的な心の在り方、意識や自覚、人柄、性格、人間性といった要素について、脳に基づいた説明を行うことができていません。

　そして、認知症という病が冒<ruby>冒<rt>おか</rt></ruby>すものは、機能面に限定されるものではなく、その人がもつ人間性にまで及んでいます。この面の異常を明らかにしなければ、病の本質を理解することはできません。しかし、脳という基準では、それは未知の領域にあたるために、十分な検討を進めることができないのです。

　だからこそ、脳の研究を基礎とする生理学的な基準とは別の、それにかわる新しい基準を用意することが、認知症という病への理解を進める上で必要になるのです。

　それでは、新しい基準には何がふさわしいのでしょうか。それはやはり、患者の内面で起こっていることを端的に示すことができる、人間の心を評価することが可能な基準を求めなければなりません。それも、機能的な面への理解にとどまるのではなく、人柄や性格といった、より総合的で、より人間的な部分にまで踏み込むことのできる基準が必要となります。こうした要求に応えることができるものは、「心理学」以外にはないと思うのです。

3. 主流ではない別の道

　心理学といっても、現在の主流に沿うものを採用しようというわけではありません。なぜなら、現代における心理学とは、科学的手法を積極的に取り入れることで、むしろ生理学に近しいものとなっているからです。

　いくつか例を挙げれば、①刺激（S）と反応（R）の機械的結合を基盤として、動物や人間の行動を説明しようとする行動主義、②オペラント条件づけの手法を用いた、強化スケジュールによる実験的行動分析、③集団内における個人差を分析するための統計的手法を導入した、機能主義にもとづく心理検査、

④情報処理という見地から実験的、客観的に人間の内面的な活動を解明しようとする認知心理学などがあります。

　これらはいずれも、自然科学の発達と科学的手法の進歩に強い影響を受けており、心理学を純粋な科学の一分野にしようとする流れに沿ったものです。

　簡単に言えば、主観的な現象である意識を研究対象から外して、客観的な観察や実験、実証が可能な行動や機能についてのみ、研究対象とするわけです。現在の主要な心理学は、大なり小なり、こうした考えのもとで研究が進められています。

　しかし、認知症への理解を進める上で必要となるのは、こうした形式の心理学ではありません。認知症が冒すものは、患者の行動や機能だけにとどまらず、より人間的な部分にまで及ぶからです。

　人間がとるあらゆる行動は心の反映であり、あらゆる機能は心の一部です。ですから、それを足がかりにして、心についての理解を深めようとする試み自体は間違いではありません。

　しかし、行動や機能を個別に分析しただけで、心の全てを理解できるわけではありません。心がもつ本質的な特徴の一つは、様々な性質や方向性をもつ多数の要素が、破綻せずにまとまりを見せることにあります。心の要素を細かく分解して、選別し、分析したところで、それはどこまでも心の一部にすぎません。そして、一部を見ただけで心の全てを知ることはできないのです。心とは、それを構成するすべての要素がまとまってこそ、心であるからです。

　したがって、心に対する理解を深めようとすれば、一部分を集中的に知ろうとするのではなく、全体がどういったメカニズムによって一つにまとまっているかという、総体としての構造を把握することが必要になってきます。これを進める上で有効となるのが、「心理学モデル」というわけです。

4. 哲学を取り戻すべき心理学

　なぜ、認知症への理解を進める上で、心理学モデルが必要になるのでしょうか。それは、認知症が患者の内面を深く冒（おか）す病であるからです。

　そして、症状が機能面にとどまらず、より深く人間的な部分にまで及ぶものである以上、用いる心理学モデルも、患者を物や生物の延長として見るのではなく、確かに存在する一人の人格として扱い、その内面を正しく理解することができるものが求められることになります。

　このために必要となるのが、哲学的な要素を積極的に取り入れた心理学です。

　もともと、心の問題を組織的な学問の形とした最初の試みは、ギリシア哲学において見られるものであり、心理学の出発点は哲学から始まっています。この点を考慮すれば、哲学的な要素を取り入れた心理学とは、「哲学を取り戻した心理学」と表現することもできるでしょう。

　現在の主流である、科学的要素の強い心理学との違いを簡潔に表現するなら、多様な要素が入りまじる人間という複雑な存在を、細かい要素に分けて理解しようとするのが、現在の心理学と言えます。これに対して、人間という存在を形作る根元的な性質や方向性を捉えることによって、そこから生じる多種多様な要素を理解しようとするのが、哲学的な心理学ということになります。

　認知症に関しては、後者のアプローチが特に有効となります。というより、これ以外のやり方ではうまくいかないというのが正しいと言えます。この理由については折に触れて説明してきましたが、重要なことなのであらためてまとめますと、以下のようになります。

1)哲学的要素が必要な理由その一

　認知症という病の恐ろしいところは、認知や言語といった機能が低下することではなく、人間としての在り方そのものを脅かすことにあります。

　認知症は患者の心を深く傷つけて、その性質を歪めてしまいます。そのために、病への理解を深めて、有効な対処法をとるためには、心や人間性といったものに対する根本的な理解が欠かせません。

　認知症では、病の進行に伴い多様な症状が現れることになりますが、特に心理面の変化に目を向けたとき、「まるで別人のようになってしまった」という表現が使われるほど、大きな異常が発生しています。大げさに用いられることの多い表現ですが、こと認知症に関して言えば、それは決して誇張ではありません。実際に患者の内面では、彼らがこれまでの人生で積み重ねて作り上げてきたものが、急速に崩れているのです。

　これは、記憶の喪失だけを意味するものではありません。人の心とは記憶だけで形作られるようなものではありませんし、それをなくしただけで壊れるような脆いつくりはしていません。昔のことを思い出すことができないだけで、過去の経験から形成された人柄や性格までが崩壊するというのは、通常ではあり得ないことです。

　認知症のケースでは、記憶だけでなく、心そのものが大きなダメージを受けており、この結果として人間性が損なわれていると見なければなりません。

　それでは、心が傷ついて人間性が損なわれるとは、どういうことを意味するのでしょうか。

　これも必要以上に難しく考えることはありません。人間として価値のある行動と、それを支える心の状態がどのようなものであるかを思い浮かべ、それが失われていくことを想像すればよいのです。

　具体的に示すなら、その人が持つ優しさや穏やかさ、温かさ、積極性、活発さ、明るさ、我慢強さ、根気強さ、聡明さ、理知的な振る舞い、思いやり、慈愛、思慮深い態度といったものが、病の進行とともに失われていきます。

　かわりに現れるのは、怒りやすさや激しやすさ、焦り、消極性、落ち込み、暗さ、忍耐力の低下、粗暴な態度、横柄さ、強い猜疑心、わがまま、自分勝手な姿勢などです。

　優しかった人が乱暴な振る舞いをするようになったり、明るかった人が暗く沈みがちになったり、謙虚だった人が横暴な態度をとるようになったり、あるいはもともと攻撃性の高かった人が、より一層敵意をむき出しにするようになるといったように、変化の仕方には個人差があります。

　共通しているのは、それが決してプラスの変化ではないことと、一時的なものではなく持続的な変化であることです。この変化の度合いは非常に大きいもので、認知障害が起こった結果などという説明では、到底理解できるようなものではありません。

　そこで生じているのは、本来はそう簡単に変わることのない人柄や性格、あるいは「自分」といったものを一変させるだけの影響力をもつ障害です。

　この障害の内容を正しく理解するには、前提として、普段は特に意識することもなく保っている「自分」というものが、どういったメカニズムで形成され、保持されているのかを把握しておく必要があります。どのように構成されているかがわかれば、それがどう壊れていくかもわかります。異常の正体を掴むことができれば、心理症状への対応でも適切な手段を選択することができるようになります。

　認知症の患者から優しさや思いやりが失われるのは何故なのでしょうか。自制心が損なわれてしまい、粗暴な振る舞いが目立つようになるのは何故なのでしょうか。これらの原因を、生理学的な見地から説明することは、とても難しいことです。反応や刺激をもとにした行動の説明はできても、よりリアルな、現実の人間が当たり前のものとして持っている、優しさや自制心といった心の働きについては、十分な説明ができません。

　なぜなら、そうした心の働きとは、物質や生物としての性質を超えた、人間という存在だけがもつ特別なものであるからです。そのために、こうした「人間らしい」領域への理解を深めるには、何よりも人間という存在自体への理解を進めなければなりません。これは、正しく哲学の領分と言えるでしょう。

2）理由その二

　認知症患者への対応で最も重要な課題となるのは、心理症状への対応です。症状が進行するにつれて、心理症状はいっそう複雑になり、程度も重くなっていきます。これにどう対応すればよいのか、何が有効なのかが分からずに苦悩する介護者は大勢います。

　有効な対処法が分からないのは、心理症状を認知機能障害の周辺症状として、二次的障害という図式で捉えようとする現在の理論では、当然のことなのです。

　患者がどうして異常と思えるような行動をとるようになるのか。これまでとはまるで違った態度を示すようになるのか。認知や言語といった諸機能が低下する裏側で、彼らの内面にどういった変化が起こっているのか。

　現在の理論では、これらに対する具体的な説明は何もありません。満足な理由付けもしないままに、ただ認知機能障害の結果として起こるとしているだけです。このような説明から、有効な対処法を検討することは難しいでしょう。

　患者の内面で起きる変化に対して有効な手を打つためには、内面で起きていることを正確につかみ、判断するための基準が必要になります。この基準となり得るものが、心理学モデルなのです。

　患者に現れた症状をただ漠然と見ているだけでは、現象の本質は見えてきません。不安や焦燥が強くなった、暴言や暴力をふるうようになった、ひどく落ち込みやすくなり、うつ症状が出るようになった、といったように起きたことを並べることはできても、それがどうして起こるのかは見えてこないのです。

　何かを理解するということは、物事の価値や意味をはかるための明確な基準があってはじめて可能になります。しっかりとした基準を持たなければ、いくら多くの情報を集めたところで意味がありません。むしろ情報の多さに惑わされることで、かえって何が重要であるのか見分けがつかなくなってし

まいます。そんな状態では、患者に対する根本的な対処はできません。

　心の作用は複雑でかつ繊細であり、その変化をぼんやりと眺めるだけでは、異常の根元を探り当てることはできません。それが可能になるのは、心の状態をはかるための明確な基準を用意した時だけです。脳の状態がどうなっているか、機能がどう低下しているか、ではないのです。認知症によって受ける障害を理解するには、より総合的に、より人間的に、患者の心にどういった変化が起きているのかを理解する必要があります。

　そして、患者の顔が一人ひとり違ったものであるように、その人がもつ心の在り方にもそれぞれに違いがあります。もともと形の違うものが障害を受けて、さらに形が変わるのですから、様々な症状が出るのは当たり前です。

　たとえ脳の同じ部位が損傷して、同程度の萎縮が見られるとしても、実際に出る症状は同じではありません。患者ごとに大きな違いが見られます。これは、病に冒される以前から患者がもともと持っていた心の状態が、症状の現れ方に関係していることを示しています。

　そして、患者の心の状態とは、脳の状態だけではかれるような単純なものではありません。彼らがこれまでに、ひとりの人間としてどのような人生を過ごしてきたのか。どのような環境で生まれ、育ち、何から強い影響を受けたか。どういった人々と関わりを持ち、その中で何を得て、何を失ったか。そうした人生で起こる全てのイベントが礎となって、心の在り方は形成されます。

　これが心理症状の現れ方に関係するというのなら、目の前に現れる症状だけを見ても、患者に何が起こっているかを理解できないのは当然です。心理症状に対して適切に対応するためには、現れる症状に対する認識だけでなく、患者自身に対するより深い洞察（＝彼らがどういったタイプの人間であるのかをつかむこと）が求められることになります。

　これを実行するためには、患者のこれまでの生き方や、人としての在り方をも反映することのできる、哲学的な心理学モデルが必要になります。

　患者は物ではありません。患者は、ただの生物ではありません。人生という経験、体験の積み重ねを経て、その中で一人ひとりが、独自の心の在り方を作り上げています。それは、人間としての心です。

　患者の内面に何が起きたのかを正しく理解するには、こうした患者一人ひとりの心の状態を知り、その性質や方向性をつかんだ上で、これがどう変化したかを捉えなければなりません。それができて、はじめて心理症状への有効な対処を検討することができるようになります。

　患者の心の状態とは、彼らの生き方を反映して形作られるものであって、ある意味では、彼らの人生そのものということができます。これをはかることが可能な基準は、哲学的要素を積極的に取り入れた心理学モデル以外にはありません。

　認知症では、患者の心に大きな変化が現れます。彼らの心に何が起きたのかを知る上では、脳を介して間接的に理解しようとするのではなく、心そのものを直接的に捉えるほうが、ずっと効率的です。それにもかかわらず、この方法をとる研究者がいないのは、人の心を捉えるための、明確で客観的な基準がなかったからです。

　明確な基準がなければ、複雑に運動し続ける心の働きを捉えることなどできはしません。何が正常で何が異常なのかの判断がつきませんし、現在の状態を適切に評価することもできません。

　客観的な基準がなければ、自分ひとりの考え方でそれぞれが判断することになります。これでは、見る人によっては正常に見えるし、別の人が見れば異常に見えるといったような、判断の食い違いが頻繁に起こってしまいます。

　また、同じ人の判断でも、ある時は正常としたものを別の時には異常と見なすといったような、診断のブレも起きやすくなります。

　現実に、精神病などの心の診断では、意見の食い違いは珍しいものではありません。本来は心の専門家であるはずの精神科医ですら、こうした意見の違いはしばしば見られます。これでは、適切な対応をとれるはずがありませ

ん。

　このような明確ではなく、また客観的でもない基準に比べれば、まだ生理学的な診断のほうがいくらか有用といえるでしょう。現状で、判断基準を脳に対して求めることも、この意味では仕方がないことと言えるのかもしれません。

　しかし、逆に言えば、心の作用をきちんと評価して、判断することができるモデルさえあれば、こうした問題は解消することができます。脳との関係から間接的に判断するのではなく、より直接的に症状の本質に迫ることができれば、あらゆる問題を単純化することが可能となるのです。その分だけ理解は進み、有効な対処法を検討することも容易になります。

　これから提示するのは、独自の理論に基づいて構築された、心の判断基準となり得る心理学モデルです。

第三節　「自己・他己双対理論」に基づく心理学モデルの提示

　自己・他己双対理論の解説から、それをもとに構築された心理学モデルの解説までを行います。

　ここで示す理論及び心理学モデルは、認知症のためだけに作られたものではありません。人間という存在を理解して、人間が生きることの意味を正しく捉えることを目的として作られています。

　私たちの周りには常に多くの課題や問題があります。一人の個人としても、また社会や集団の一員としても、いくつもの選択肢の中から行うべき事を選んだり、トラブルに直面して解決を求められるといった機会はいつでも訪れます。

　簡単に決定したり解決できるものもあれば、そうでないものもありますが、そのほとんどに共通しているのは、それが人間が関わる事柄であるということです。中には、人間が全く関与しないもの（たとえば、宇宙の果てには何が

あるかといった科学的な課題など）もありますが、そうしたものは私たちにとっ
て、さして重要でもなければ緊急性もない事柄です。

　私たちが取り組むべき課題、早急に解消すべき問題とは、人間という存在
を前提として生まれており、その解決には人間への理解が欠かせません。現
代では、政治、経済、社会、教育、宗教といった分野において、いずれも多
くの問題を抱えていますが、そのどれもが人間性に深く根ざしたものです。
そうした問題を解決するための糸口は、自分を理解し、また他者を理解する
ことにあると言えるでしょう。

　そして、これは医療の分野でもかわりません。切り傷や骨折の治療には必
要でなくとも、患者への対応には相手への理解や共感が欠かせないものです。
相手の痛みを感じ取り、辛さや苦しさを共有することで信頼関係は結ばれる
ことになります。それがなければ、治療行為はスムーズに行われず、よけい
なトラブルを抱えることになりかねません。

　相手への無理解は、必ずもめ事の原因となり、事態を悪化させてしまいま
す。逆に、相手をよく知り分かり合うことは、状況の改善に役立ち、あらゆ
る問題を解決へと導いてくれます。

　まして、患者の心に直接的な影響を与えるタイプの病であれば、なおのこ
と、彼らの内面に対する理解を欠かすことができません。認知症も、心の在
り方に強い影響を与える病の一つであり、だからこそ、病の理解や対応には、
人間性への理解を深めることが有効となります。心理学モデルを認知症の理
解に応用することができるのは、このためです。

1. モデルと理論

　中塚は、長年にわたる自閉症研究を通して、人間という生存の根本的な在
り方を捉えることができる「自己・他己双対理論」と、その中で中心的な役
割を担う「人間精神の心理学モデル」を構築しています（中塚，1993 a）。そ
して、このモデルを様々な精神現象に適用してきました。

　いくつか例を挙げれば、①心理学理論の検討（中塚，1994c；1994a）、②二大精神病の解釈（中塚，1993b；1994b）、③発達理論の構築（中塚，1996）、④コミュニケーションの哲学的・心理学的意味の考察（中塚・上松・木村・大田，1996；上松・木村・大田・中塚，1996）、⑤時間論と自閉症児の時間障害に関する考察（中塚・大田・大向・木村・上松，1997；大田・木村・大向・上松・中塚，1997）、⑥人権問題、民主主義、憲法問題、教育問題の考察（中塚・岩井・佐々木，1999；中塚・小川，2000a；中塚・小川，2000b）、などがあります。

　このモデルと理論は、人間存在の真の意味、人間が生きることの真の意味を、心理学的・哲学的に捉えるものであり、そのために、人間が生きて活動すること（肉体的にも精神的にも）には普遍的に応用できるものです。

2.　人間観

　このモデルと理論の根底には、確固たる人間観が存在しています。そこには、進化論者がもつような生物学的な視点はありません。あるのは、人間が行うあらゆる活動の基盤となる心（精神）に関する哲学的考察です。

　人間というものを捉える上で、何をその中核と見るべきでしょうか。これは、「何が人を人たらしめているのか」ということですが、まず、押さえておかなければならないのは、人間とは、物質的、生物的である以上に、精神的な存在であるということです。

　どんな物質も、またどんな生物も、人間のような精神的活動を営むことはありません。人間だけが、自身の存在を自覚して、自らの意志で生き方を選択し、いずれ死が訪れることを理解しながらも活動を続けています。

　こうした精神的な領域は、人間固有のものであり、同時に人間だけが持ち得る特権でもあります。人間以外のものとの物質的、生物的な差違は、これに比べれば小さな違いでしかありません。だからこそ、人間を他の存在と区分けする境界線は、精神的な領域に対して求めるべきですし、人間という存在を知り、理解していくには、何よりも心や精神といったものの在り方を捉

える必要があるのです。

　それでは、人間がもつ心の在り方、精神の在り方とはどのようなもので
しょうか。簡潔にまとめれば、以下の3点に要約することができます。

　①人間は、自己を主張する側面（＝「自己」）と、他者に心を向けて、他者
　　を尊重する側面（＝「他己」）の両面をもっている。

　②この2つの側面は、相矛盾する性質を持っており、そのために人間の精
　　神活動は、自他の統合という弁証法的運動の中で営まれている。

　③人間は、自他の間でただ運動するだけでなく、「より善い人生を送りた
　　い」という欲求をもっている。

3. 矛盾と運動

　中塚が示す人間観で最も重要なのは、人間の精神構造が「自己」と「他己」
という2つの相矛盾する弁証法的モーメント（契機）から成り立っている、
とする点にあります。

　「自己」とは、自分、私、我、己を主張しようとする側面のことです。自
分という存在を尊重し、これを守り高めようとする傾向であり、その方向性
を表現するなら「自分に閉じた心」ということができます。

　これに対して「他己」は、他者に心を向けて、他者を尊重しようとする側
面のことです。自分のため、保身や利益のために他者を求めるのではなく、
無条件に他者を求め、欲する傾向であり、その方向性を表現するなら「他者
に開かれた心」ということができます。

　この2つの方向性の異なる傾向が、人間という存在を捉える基準となり、
評価のための軸となり、人間性を理解する上での基点となります。

　この基準に基づいて、人間性をごく大まかにタイプ分けをするなら、「自
己」の働きが強いタイプや、逆に「他己」の働きが強いタイプ、あるいは両
者のバランスがとれたタイプ、どちらの働きも高いレベルにあるもののバラ
ンスが悪いタイプ、どちらの働きも悪いタイプといった分け方ができます。

自分がどのタイプに属するかを把握することは、自己理解のための第一歩となります。

　一般的な人間観では、この2つの傾向は厳密に区分されておらず、混同されたり、ほぼ同一のものとして扱われることも多いようです。

　たとえば、自分を尊重する人は、他者に対しても寛容な態度をとるといった考え方や、人間が他者との関係を良好に保とうとするのは、それが互いの保身につながるからだといった主張は、その代表的なものと言えるでしょう。

　ただし、そうした主張の大半は、「自己」の側にとらわれた見方であるに過ぎません。自分という存在を尊重するあまり、それ以外のことは全てその派生であるかのように見えてしまい、その結果、「他己」の存在を見落としているわけです。

　しかし、人間とは、ただ自分への関心だけに支配された存在ではありません。人間は誰でも、ごく自然に、無意識のうちに、自分自身も気づかないほど当たり前のように、他者に対して関心を向けています。

　利害や損得を抜きにしても、他者の存在が勝手に気になりますし、完全に無視することは難しく、わずかでも気を配ってしまいます。これは、自分に閉じた心とは、明らかに異なった性質をもつ心の動きです。

　重要なのは、この2つの傾向は、同じ方向性をもつものではなく、真逆の方向性をもつという点です。自分に閉じた心＝「自己」と、他者に開かれた心＝「他己」は、基本的に相容れません。互いを否定しあう関係にあります。

　どこまでも自分という存在を尊重し、主張していこうとすれば、そのぶんだけ他者への関心は薄れて、どうでもよいものとなっていきます。逆に、他者をどこまでも尊重しようとすれば、どうやっても自分の主張を抑えざるを得なくなります。

　どちらが正しいというのではなく、どちらも人間にとっては必要で、欠かすことはできません。それなのに、両者の性質は真っ向から対立しています。これは非常に特殊な構造ということができるでしょう。

　対立し、反発する2つの傾向が一人の人間の内側にあること。一つの心、一つの精神の中に2つの真逆の方向性が内在すること。どちらも人間という存在を形作る上で不可欠のものでありながら、互いに否定しあう関係にあること。これらは、明らかな「矛盾」です。そして、この「矛盾」こそが、人間という存在を理解する上で不可欠な要素であり、重要なポイントとなるのです。

　研究者という人種は、当然のことですが、矛盾を嫌います。法則や原理の中に矛盾が含まれることを避けて、可能な限り単一の方向性で説明しようとします。こうした考え方は、基本的には正しいものです。

　しかし、そもそも現象自体に矛盾が含まれるという例外的なケースでは、通常の理論や理屈では対応することができません。矛盾がないように、無理に単一の方向性で解釈しようとすれば、実態にそぐわなくなり、かえって食い違いが生じてしまいます。そして、人間という存在は、この例外的なケースに含まれる希有な現象なのです。

　人間という存在は、その内面に矛盾を宿しています。この根本は、「自己」と「他己」という2つの心が存在することにあります。まずは、これを理解することが、人間性を理解するための基礎となります。

　さらに、人間を理解する上で、もう一つ重要なポイントとなるのが「運動」です。これは、もちろんただ体を動かすという意味ではありません。人間というものの在り方自体が、停止することなく動き続けて、絶えず状態を変化させていることを意味しています。

　人間が変化し続けていることは、脳の活動を調査する研究者もよく知っています。脳を構成する神経細胞は常に活動し続けており、死滅しない限り動きを止めることがありません。この止まらない運動が、脳の活動を観測し、研究していく上でネックにもなるのですが、研究者はその絶え間ない変化の中に、未知の領域を見出そうとするわけです。

　哲学的、心理学的な見地に立てば、人間における運動の根元をなすものは、

心の変化に他なりません。そして、中塚が示す人間観において、変化の軸、運動の中心となるのが、「自己」と「他己」という、方向性の異なる2つの心ということになります。

「自己」と「他己」は、ともに人間が生まれながらに持つものですが、両者の力関係は一定ではありません。

この2つの心は、生の営みの中で、ある程度の均衡を保ちながらも絶えず揺れ動いています。その動きは不安定で、「自己」の側に振れることもあれば、「他己」の側に振れることもあります。そして、こうした内的な心の変動は、諸々の行動として外界に現れることになります。

「自己」の側に大きく振れば、自己中心的な行動となって現れます。よく言えば自己追求、野心的、積極的な活動、目的意識の高さといった形で現れ、悪く言えば自分勝手、わがまま、利己主義、私欲の追求といった形で現れることになります。

逆に「他己」の側に大きく振れば、他者尊重的な行動となって現れます。よく言えば優しさ、思いやり、配慮、公共心、ルールの遵守、社会性の高さといった形で現れ、悪く言えば主体性のなさ、消極性、影響の受けやすさ、流されやすさ、他者への依存といった形で現れることになります。

この2つの心の働きは、固定されてはいないので、たとえば幼少期は「他己」の働きが強かった人でも、青年期には「自己」の働きが強くなるといったことも起こります。あるいはもっと短いスパンで、全体的に見れば「他己」の働きが強い、大人しく穏やかな人でも、状況によってはエゴをむき出しにして、強く自己主張するといったこともあります。内的な傾向は、常に揺れ動いているのです。

認知や言語といった諸々の機能とは、こうした内的な傾向を表現するための手段、あるいは道具のようなものと捉えることができます。

手を使って何か作業するとき、手はやりたいことを実行するための手段であり、それ以上の意味をもちません。手は道具の一つであって、それ自体に

動作の主体があるわけではないのです。

　同様に、認知や言語も「自己」と「他己」という２つの傾向を、実際の行動として表すための手段であって、決して主体ではありません。これを見誤ると、人間というものがまるで見えなくなってしまいます。認知心理学が目指すような、認知の作用から人間を理解しようとするアプローチは、手の動きから心の奥底まで見通そうとするようなもので、無謀な試みと言えると思います。

　人間性の主体は、どこまでも２つの心の動きにあります。そして、両者の関係は、決して止まることなく揺れ動いています。バランスをとりながら、あるいはどちらかに偏りながら、変化し続けています。つまり、人間が生きるということは、自分自身を追求する内的な「自己」と、他者や外界を求め指向する外的な「他己」との、２つのモーメントをもつ「運動」ということになります。

　このような、人間の精神的営みは両モーメントの弁証法的運動とその統合であるという着想から構築されたのが、「自己・他己双対理論」です。

　私たち人間の心の内側では、自らを主張しようとする傾向と、他者を求め尊重しようとする傾向とが、絶えずせめぎ合っています。この２つの心は、根本的に方向性が異なっているために、一方の強化は他方の相対的な弱体化を招きます。このために両者のバランスをとることは非常に難しく、多くは偏りを生じさせることになります。見方を変えれば、不安定な運動を繰り返す２つの心の微妙な均衡が、各個人の多様な人格や個性、そして行為を形成しているということになります。

　さらに、人間は「自己」と「他己」の間でただ運動しているだけでなく、「より善い人生を送りたい」という欲求を持っています。それは、人間が自身の生を自覚して、また死を自覚することができるからこそ、生まれる欲求です。

　生に限りがあるからこそ、生を意義あるものにしたいという欲求もわいて

きます。終わりがあるからこそ、より善い、充実した人生を送りたいと願うようになるのです。ここに、人間が生き方を求めなければならない根拠があります。

自己・他己双対理論では、この「より善い人生を送りたい」という欲求を表す、自己と他己の二つの命題を次のように措定しています。

自己モーメントの基本命題……

　人間は、自分自身を知ることを目指して、より善く生きようとする存在である。

他己モーメントの基本命題……

　人間は、法を目指して、より善く社会的であろうとする存在である。

この命題は、直接的にはソクラテスの哲学から定立されたものです。これらの命題の一々の解説は省略します。理論の詳細については、中塚の論文（1993a）を参照していただければと思います。

矛盾と運動、それが人間という存在の根本です。生と死はその象徴ということができます。人は皆、自分が生きていることを実感しています。今、自分は生きていると感じていますし、それを疑うこともありません。

しかし、実際には、それは生という立場から現在を捉えるから、そう感じるにすぎません。見方を真逆にして、死という立場から見れば、死は今この時も止まることなく近づいています。

いつになるかはわかりませんが、いずれ死が自分に訪れることは誰もが知っています。死は平等で、誰も逃れることはできません。タイムリミットは間違いなくあり、それは時間の経過にしたがい、確実に減っていきます。つまり、死の側から見れば、人は皆今まさに死につつあるわけです。

人間は、自分という存在を確立して、生きていたいと願いながら、いずれ

死という絶対的な他者によって否定されることになります。人間という存在には、生と死という矛盾した２つの方向性が入り混じり、互いに否定し合いながら運動しているのです。

そして、それは心の状態に反映され、心の状態は行動に表れます。自分を主張しながら時には自分を捨てたり、他者を受け入れながら時には他者を否定したりします。人間が行う複雑に見える行為も、「自己」と「他己」という２つの方向性を軸に据えれば、わかりやすい形で見えてきます。

人間への理解は、人間が関係するあらゆる分野で必要となるものです。人間をどう見るか、何を基点として捉えるか、どういう基準で評価するか。これを明確にすることが、何より重要で、優先すべきことなのです。

4. 人間精神の心理学モデル

人間観が示すのは、人間性のごく大まかな輪郭でしかありません。それは哲学的に見て有益なものですが、具体的ではありません。これを現実の現象に適用するためには、より詳細で具体的な枠組みを作る必要があります。その役目を担うのが心理学です。

自己・他己双対理論に基づいて、人間の精神構造を具体化したものが「人間精神の心理学モデル」（表１・図１）です。

表１に示されているように、このモデルは「自己」「他己」２つのモーメントに５つの精神機能領域を想定した、きわめて独創的なものです。

５つの精神機能の領域は、各水準ごとに弁証法的な統合の中にあることはもちろん、水準間にも統合が存在します。図１ではそのことを座標として示しています。

モデルの最下層（図では中心）に位置するのが、無意識層の個人的無意識―集合的無意識です（以下の説明でも、ハイフンの前が自己モーメント、後が他己モーメントを指します）。

前者は、個人が生まれながらに祖先から受け継いだ、自分では意識できな

表1　精神の弁証法的二重性と心理機能（中塚，1994c）

自　我	人　格	統合性・目的性・一貫性
認　知	言　語	知能、知識の創造と蓄積
感　覚	運　動	技能、外界への適応行動
情　動	感　情	通心、内界の心的な処理
個人的無意識	集合的無意識	遺伝形質と生の衝動 人類が共有する無垢なもの

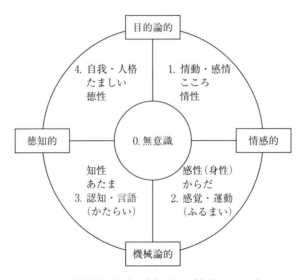

図1　精神機能領域の座標表示（中塚，1994c）

い遺伝形質や、誰でもが共通にもつ生命維持のための生の衝動などを表しています。後者は、人類が進化の過程で動物を超えて人間らしい特性として得た「無垢なもの」を表しています。それは純粋で無条件な、ひと（他者）への指向性のようなものと考えられます。

　次いで情動―感情（こころ）ですが、前者を従来の心理学用語でいえば、

欲求・要求・動因・欲望・衝動・気分・情動、あるいは一般的な言葉であれば自尊心・自己愛・利己心などがここに属します。後者は向社会性がこれに属し、より一般的には同情心、共感心、思いやり、優しさ、愛他心、利他心などであると言えます。

　次は感覚─運動ですが、感覚はいわゆる五感のことで、従来の心理学で使用されてきた通りであり、運動も同様です。

　その次の認知─言語（あたま）ですが、認知は従来の心理学と同じ内容で、判断・創造・思考・抽象・表象・計算・理解などの働きがこれに当たります。言語については特に説明を要しないと思われます。

　最後に、精神機能の最上部に位置する自我─人格機能（たましい）について述べます。

　まず自我は、よりよい自己を意識する心であり、自己の生き甲斐を追求し、実現していこうとする心のことです。従来の心理学用語でいえば、自己実現の欲求・意図・意志などがこれにあたります。

　次に、人格は、より社会的であろうと意識する心で、社会の要請・期待に従おう、社会に貢献・奉仕しよう、社会を尊重・維持しよう、社会関係を持とう、などといった言葉で表せるものがこれに属します。

　自我─人格機能は、「統合性」、「目的性」、「一貫性」の三つの働きをしており、精神作用全体の司令塔的な役割を果たしています。

第四節　認知症の心理学的解釈

　ここからは、モデルに基づいた認知症の心理学的な解釈を示します。心理学的に見た認知症の基本構成は、以下の３つの項目で示すことが出来ます。

①認知症の中心的な症状は、自我─人格機能の障害に基づく統合性、目的性、一貫性の喪失である。これが、各機能領域の作用低下と連動するこ

とで、多様な、そして認知症に特有の症状が現れることになる。

②認知症では、認知や言語、感覚、運動といった諸機能の働きが低下する
だけでなく、様々な心理症状が現れる。これは、自我―人格機能が障害
を受けることで、情動―感情機能の働きをうまくコントロールすること
ができなくなった結果として起こる症状である。

③自我―人格機能の障害によって各機能領域の統合不全が生じるが、この
状態は各人がこれまで安定的に保ってきた人柄や性格といったものが崩
れた状態である。このとき実際にどういった症状が現れるかは、その人
がもつ自己モーメントと他己モーメントの作用バランスによって変化す
る。

順次説明を行います。

1. 自我―人格機能障害としての認知症

まず、①について説明します。認知症の中核症状、つまり病の基本的な症
状は、認知機能障害であるとするのが従来の考え方です。

しかし、実際には、記憶力の低下や失認、失語、失行といった症状が現れ
ただけでは、認知症とは認定されません。認知症には必ず記憶障害がみられ
ますが、記憶障害があれば認知症であるとは言えません。失語症は言語の障
害で、それだけでは認知症とはなりません。失認や失行も同様です。これら
が認知症と認定されるには、プラスアルファが必要となります。では、これ
らを認知症特有の症状にするものは何でしょうか。

それは、「自我―人格機能の障害」です。自我―人格機能は、精神機能領
域の中でも特別な役割を担っています。この領域は、認知や言語、感覚、運
動、情動、感情といった精神を構成する各機能の作用を一つにまとめて、組
織化するという、一種の司令官的な役割を果たしています。認知症では、認
知―言語機能や感覚―運動機能に障害を受けることに加えて、この自我―人

格機能が障害を受けることで、他のものとは違う、認知症に特有の症状が現れることになります。

　心のように、様々な要素や作用が混在するものは、それをいかにまとめるかが非常に重要となります。個々に見れば優れた働きをする機能であっても、それぞれがバラバラに動いては本来の力を発揮することができないからです。

　たとえば、高いレベルの認知―言語の能力をもっていても、それをうまく表現するためには感覚―運動の能力が必要になりますし、安定したパフォーマンスを発揮するには、情動―感情の安定が欠かせません。

　頭で考えることと、口から出る言葉に食い違いが起こるようでは、行動が破綻してしまいますし、よい成果を得ることもできません。時折、知的能力は高いのに、実際の言動はまるで理性的でないという人を目にすることがありますが、そうした人の存在は、認知機能と自我―人格機能が似て非なるものであることを雄弁に物語っています。

　多様な機能を持つ心が、ただの寄せ集めではなく、まとまりをもった一つの形を保つためには、それぞれの機能をまとめる働きが不可欠となります。そして、これを実現するには、諸々の機能を統合して、そこに目的性を付与することで、活動に一貫性をもたせることが必要になります。この流れがスムーズに行われることではじめて、人間は自我や人格、あるいは連続性のある意識や自覚といったものを備えた、一つのまとまりある心の形を保つことができるのです。

　こうした働きを、認知機能とは別の独立した機能として捉えることで、不必要な概念上の混乱を避けて、心の状態をより明確な形で示すことができるようになります。

　一部の機能に対して必要以上に多くの役割を与えても、物事はわかりにくくなるだけです。分けるべきところは分け、まとめるべきところはまとめるのが、概念の正しい使い方と言えます。

　自我―人格機能は、各精神機能領域の作用を組織化して、統制する役割を

もつので、これが障害を受けると、各機能の働きはうまくまとまることができず、全体の統合性が失われてしまいます。この結果、行動は目的に沿って集約されなくなり、思考や活動は一貫性を失い、ちぐはぐで不安定な状態に陥ることになります。

　これは、たとえるなら、集団行動の際に、統率する人がいなくなってしまった状態ということができます。

　大人数が統率のとれた行動をとるためには、一人ひとりが好き勝手に動いてはダメで、全体の動きを見て指示や差配をする人が必要になります。

　統率する人がいなくなってしまうと、各々が次に何をすればよいかがわからなくなり、集団全体としての行動目的を見失ってしまいます。その結果、各自がバラバラに動くようになり、まとまりのない、ひどく混乱した状態に陥ってしまいます。こうした状態では、個々の能力に関係なく、総体としてのパフォーマンスは大きく損なわれてしまうことになります。

　身近な経験や個人の体験ということで示すなら、強い緊張状態におかれた際や、あるいは予期しない事態が起きたとき、目の前で衝撃的なことが起きたときなど、激しく動揺した際には、頭が真っ白になり、パニック状態になることがあります。これは、強い精神的ショックを受けることで、一時的に自我―人格機能が麻痺した状態です。

　今、自分がどういった状態に置かれているか。現状に対して次にどう動くべきか。何をすればよい結果を得られるのか。これらをうまく把握することができなくなり、判断を誤って無意味な行動を繰り返したり、慌てて何もできなくなったりします。

　優れた能力を持つ人でも、動揺すれば簡単なミスを繰り返してしまい、本来の力を発揮することができなくなるものです。相手をわざと動揺させてミスを誘うのは、駆け引きの常套手段ですが、これも自我―人格機能の弱体化を狙った行為と見ることができるでしょう。

　こうした例は、諸々の活動において、個々の能力の高さよりは、それをま

とめる機能が適切に働いていることが、より重要な意味をもつことを示しています。それだけに、自我―人格機能が担う役割は重いものです。認知症という病と向き合うには、この機能が障害を受けることが、どれほどの意味をもつのかを、よく理解しておく必要があります。

2. 自我―人格機能障害の影響について

　自我―人格機能が障害を受けることによる具体的な影響は、以下のようにまとめることができます。

　行動面では、活動の目的性が損なわれることで、自分が今何をすべきか、成すべき事を実現するにはどのような手段が有効か、どういう手順を踏むとよいか、どう計画を立てると効率的か、あるいは今自分がしている行為は何のためか、何を目指して行動しているか、などといったことが判然としなくなります。

　先を見通して動くことが難しくなり、目の前の課題に必要以上にこだわったり、逆に無頓着になったりします。自分が何をしたらよいかがわからなくなることで、パニックを起こしやすくなります。目的に沿った一貫性のある行為がとれなくなり、必要な行動をとらなかったり、逆に無意味な行動を繰り返したりします。また、周囲の人が予測しづらい不規則な行動をとりやすくなります。

　これらに加えて、目的性が損なわれるということは、それが発揮されるために欠かすことのできない、自己認識や自覚といったものも弱体化していることを意味しています。

　自分の状態をうまく把握することができなくなることで、自分がおかれた状況やコンディションを客観的に判断できなくなります。この結果、効率の悪い行為にいつまでもこだわったり、できないことをできると思いこんだりするようになります。また、自覚がないので、他者から指摘されても受け入れることができず、逆に強く反発するといったことが起こります。

　情緒的な面では、各機能領域がうまく統合されないことで、安定的な人柄を維持することが困難になります。自我機能が安定しないために、周囲の状況に流されやすくなり、激しやすくなったり落ち込みやすくなります。人格機能も安定しないので、他者に配慮した行動をとることができず、反社会的な行動をとったりします。

　さらに、この両方の性質が不規則に現れることで、優しい態度をとるかと思えば突然攻撃的になったり、陽気であるかと思えば急にふさぎ込んだりするといったことも起こります。その人がもつ全般的な性向から一貫性が失われることで、多面的で複雑な性格が形成されます。結果的に、扱いにくく親しみのない人柄になってしまいます。

　これらの状態を一言でまとめるなら、「自分をうまくコントロールすることができなくなった状態」と表現することができます。

　自分というものを制御することができないので、目的に沿って効率的に動くことができませんし、一貫した行動もとれません。自分を抑えることができないので、欲求や情緒を律することができず、衝動的に行動してしまいます。自分自身が思い通りにならなくなり、自分が何をしたかもわからなくなります。

　健常者でも、ひどく興奮した時などに、我を忘れて、自分が何をしたかよくわからなくなることがあります。それは、まさに自分のコントロールを手放した状態です。

　人間にとって、自分をコントロールすることは、極めて重要な意味をもちます。自分というものを追求していく上でも、また、よりよく社会的であるためにも、決して欠かすことのできないものです。これを行う機能が障害を受けることが、どれだけのハンデになるかは、容易に想像することができるでしょう。

　実際の認知症患者の場合は、こうした自我─人格機能の障害に加えて、認知─言語機能や感覚─運動機能といった機能にも障害を受けることになりま

す。これらの障害が複合することで、様々な症状が現れることになるのです。

　ただし、認知症という病の中核は、あくまでも自我─人格機能の障害にあります。この点を見誤ってはなりません。

3.　自己コントロールについて

　自我─人格機能の働きは、シンプルに表現すれば、「自分をコントロールする力」ということができます。

　自分を自分の思い通りに動かすことは、簡単なようで実は難しいものです。自分ではうまくできていると思っていても、客観的な評価ではそれほどでもないということは、よくあることです。

　多くの人は、たとえば自分の手や足を思い通りに動かすことを、自分をコントロールすることだと考えています。確かに、それもコントロールの一種には違いありません。

　しかし、自我─人格機能という概念における自己コントロールとは、そうした単純なものとは少し違います。

　自我─人格機能との関連において、自分をコントロールするということは、ただ手や足を動かすことができる、考えたとおりに話すことができるといったことではなく、認知─言語機能や感覚─運動機能、情動─感情機能といった各領域の働きがバラバラにならないように、一つにまとめることを指しています。

　異なった働きをするものを一つにまとめるためには、核となるものが必要となります。人間の行動において、各領域の作用をまとめる核となるのが「目的」です。

　ただ手足を動かす、ただ考える、ただ話すというのではなく、特定の目的を設定することで、その達成を目指して各機能領域を働かせるようになります。このときはじめて、各機能はバラバラに動くのではなく、一つのまとまりある行動して「統合」されることになるのです。

　そして、目的達成に向けて各機能が統合された状態を維持することで、行動に「一貫性」が生まれることになります。

　目的を設定して、それに基づいて各領域の働きを統合し、その状態を維持することで一貫性を保つことができるようになります。この「目的性」、「統合性」、「一貫性」の保持が、自我—人格機能の主な役割であり、これを破綻させずにこなすことが、自分をコントロールするということの本質なのです。

　強いショックを受けたときなどに、自分を見失ってしまい、何をしてよいかわからなくなるといった状態に陥ることがあります。これは一時的に自我—人格機能が麻痺してしまい、うまく働かなくなったことで、目的性が喪失した状態です。

　そして、こうした状態では、行動がちぐはぐになり、考えていることと実際にすることが違ったり、話すことが支離滅裂になったり、身体が思うように動かなくなったりします。これは、目的性を喪失することで、行動の核がなくなり、各機能の働きをうまく統合できなくなったことを示しています。

　さらに、そうした状態に陥った人は、いつもは大人しいのに激しくわめき散らすといったように、通常とはまるで違った様子を示すことがあります。これは、統合性が崩れてしまったことで、自分というものの一貫性が失われたことを示しています。

　自分をコントロールするということは、いわば自分という存在をしっかりと保つことであり、これをずっと続けることは簡単なことではありません。

　目指す目的の規模が大きく、より多くの過程が必要で、達成までに長い時間がかかるようなものであれば、それだけコントロールを維持することは難しくなります。途中で目的を見失ってしまったり、我慢や辛抱ができずにあきらめたり、やる気を失ってだらけたり怠けたり、注意力や集中力をなくして失敗に終わってしまうこともあります。

　複雑で難しいことに取り組んだ際、自分を安定的に保ち続けるには、自我—人格機能が相当に高いレベルで働いていなければなりません。

　目指す目的の規模が小さく、単純で、短い時間で終えることができるようなものであれば、それほど苦労することなくこなすことができます。こうした場合は、自分をコントロールする力は、それほど必要ありません。ごく単純な繰り返しの動作は、慣れるとほとんど意識することなくできたりしますが、こうした場合は、ほとんど自我—人格機能が働いていないことを示しています。

　基本的には、高い集中力を要求され、精神的な疲労が大きいような活動をする際には、自我—人格機能はよく働いています。そうした活動をうまくこなせるのは、自分をよくコントロールできている証と言えるでしょう。

　ただし、精神的な緊張が長く続けば、それだけ自我—人格機能に高い負荷をかけ続けることになります。自我—人格機能がよく働いている人でも、限度はあるので、それを超えてしまうと活動は失敗することになります。

　逆に、特に集中しなくとも楽にこなせるような活動をする際には、自我—人格機能はあまり働いていません。精神的な緊張を強いられることもないので、ストレスを感じることは少ないですが、気が緩みすぎると大きなミスにつながることもあります。このタイプの失敗は、自我—人格機能の働きが鈍くなりすぎたために起こっています。

　認知症患者のケースでは、自我—人格機能が障害を受けたために、活動の途中で目的を見失ったり、注意力や集中力を欠くといったことが頻繁に起こるようになります。

　まだ病がそれほど進行していない初期の段階では、うっかりミスやぼんやりして失敗するといったことが増えます。こうしたことは、健常者にもよく見られることですから、この時点ではあまり大きな問題にはなりませんし、周囲の人も事の重大さに気づかないことがほとんどです。

　しかし、病が進行すれば、失敗の頻度は急激に増えるようになり、これまでできていた簡単な活動も、うまくこなせなくなってきます。

　認知症と認定される条件でもある、社会生活に支障が出るという状態は、

大きな規模の目的がこなせなくなった状態を指すのではありません。複雑な過程をもち、高い集中力を求められるような活動は、健常者であってもうまくこなすのは難しいものです。そうではなく、普段は何気なくこなせていたような小さな規模の目的を、うまくこなせなくなった状態が、社会生活に支障が出ると言われる状態です。

活動における目的というものは、より小さな規模の目的が集まることで形成されています。小さな目的を順序よく、効率的にこなし、それを積み重ねることで、全体としての活動目的は達成されます。

例えば、自分の部屋を掃除するという目的を設定したとして、これを達成するには、まず部屋のどこが汚れているか、散らかっているかを把握する必要があります。次に、掃除を効率よく行うには、どういった道具が必要になるかを確認しなければなりません。道具の準備ができたら、掃除の段取りを決めて、どういった順番でするかを計画します。そして、計画に基づいて、実際に身体を動かして掃除します。その後、掃除が終わった後の状態を確かめて、うまくいったかどうかを評価します。うまくいっていれば、そこで活動を終了して使った道具を片づけます。ダメな点が見つかれば修正して、うまくいくまで活動を続けます。

このように、掃除という比較的簡単な活動の中にも、多くの工程があり、その一つひとつが独立した小さな目的となっています。これらを順序よくこなし、統合することで、おおもとの目的を達成することができるのです。

掃除は慣れてしまえば特に集中しなくてもできる部類の活動であり、自我―人格機能をそれほど使うようなものではありません。それでも、うまくこなすには多くの作業を統合する必要がありますし、それには自我―人格機能の働きが不可欠となります。

普段、何気なくしている日常的な活動も、それをこなす上では自我―人格機能をしっかりと働かせているということです。

逆に言えば、自我―人格機能が障害を受けて、その働きが著しく低下して

しまうと、日常の簡単な活動もうまくこなせなくなるということになります。

　掃除をしている途中で目的を見失って、道具を投げ出して活動を終わらせてしまう。あるいは、車を運転している最中に、自分がどこに向かっていたかがわからなくなる。料理の最中に全く別のことをし始めて火をつけっぱなしにする。人と約束していても、別のことに気をとられて、約束を破ってしまう。破るだけではなく、約束したという事実そのものを忘れてしまう。こうしたことは、単純な記憶力の低下だけでは説明できないものです。これらはいずれも、患者から目的性や統合性、一貫性が喪失している状態を示しており、それが自己コントロールの力が失われるということなのです。

　なお、自分をうまくコントロールできない状態には、活動をうまくこなせないということだけでなく、人柄や性格といったものが不安定になるといった側面もあります。これには、自分の欲求や情緒を制御できないことが大きく関係しています。これについては心理症状の項で説明します。

4.　自我─人格機能を通して見た認知症の諸症状

　自我─人格機能がもつ役割は重要であるだけに、これが障害を受けると、あらゆる行動に大きな支障が出ることになります。そして、認知症患者に見られる諸々の症状は、この自我─人格機能の障害が主な原因となって生じています。

　ここで、自我─人格機能という概念を念頭に置きながら、あらためて認知症の諸症状を見ていくことは、心理学モデルに基づく新たな理解の枠組みの有用性を示す上でも、また認知症という病の核をはっきり示す上でも有効であると思います。

　認知症という病の核が何であるのかを明確にすることで、はじめて見えてくるものがあります。認知機能障害を軸とする従来の理論では、見えないものがあります。それは、自我─人格機能という概念を得ることで、はじめて見ることができる、認知症という病の「特殊性」です。

　病の中には、多くの症状が複合的に現れるものがありますが、そうした症状の全てが病の核となるわけではありません。

　諸々の症状は、一つの中心的な現象を軸として展開されるものであり、そのために表面的にはまるで違って見える症状にも共通項があります。この共通項が何かを探ることが、病の核を理解するということです。

　認知症では、多様な症状が現れますが、中でも最もわかりやすい形で現れるのは、記憶障害です。認知症の診断の際に、最初に問われるのもこれで、そのために記憶障害は認知症の代名詞のような扱いを受けています。

　しかし、記憶障害は認知症の代表的な症状ではあっても、認知症の核となるものではありません。もし、これが病の核であるのなら、わざわざ「認知症」という名称を使うまでもなく、単純に「記憶障害」の一種としてカテゴライズしてしまえばよいのです。

　それができないのは、記憶障害はあくまでも認知症を構成する要素の一つでしかないからです。

　記憶障害以外の症状としては、判断力や思考力の低下や、失語、失行、失認といった情報処理全般の悪化があります。これらは正しい意味での認知機能の障害と言えるものですから、これが病の核であれば、それは「認知症」と呼ぶに相応しいものとなります。

　逆の見方をすれば、認知症という名称の背景には、認知機能の障害が病の核であるとする考え方があるということです。

　しかし、この考え方を通すのであれば、認知症は情報処理系の障害としてカテゴライズされることになり、多様な症状の全ては、情報処理のエラーが原因で起こるということになります。

　体験なり知識なりで、少しでも認知症という病の実像を知っていれば、その理解の仕方に無理があることは、すぐにわかります。

　そもそも、認知症が単なる情報処理系の障害であるのなら、対応することはそれほど難しいことではありません。少なくとも、失語や失認の介護が社

会問題にまで発展することはないでしょう。現状でそれが大きな問題となっているのは、認知症が単なる情報処理の障害にとどまらない、プラスアルファのある病だからです。

　加えて、認知症の介護が厄介なのは、脳の機能不全からくる能力低下だけでなく、情緒易変性や無感情といった心理面の異常（＝心理症状）が起こるためです。それは時として人柄そのものを変えてしまうほどの強い影響力をもち、とても対応が難しいものです。

　こうした心理面で生じる異常は、認知機能の障害とは明らかに質が異なるもので、情報処理のエラーがそれを生み出すとするのは理屈に合いません。

　現状では、情報処理系の障害があるために、周囲の人との関係がうまくいかなくなり、その結果として心理症状が起こるという形で捉えられています。

　しかし、人柄や性格そのものを変えてしまうほど影響力の強いものが、人間関係のトラブルから生まれるという構図には、無理があります。人間関係の重要性を軽視するわけではありませんが、認知症患者に起こる心理面の異常とは、そうした説明で納得できるような甘いものではないのです。

　認知症における心理面の異常は、結果として生じる二次的なものではなく、記憶障害や認知機能の障害と同列の、病を構成する一要素と見るべきです。そして、そうである以上、認知機能の障害は認知症の核とはなり得ません。

　同様に、心理面の異常も、認知症の核とはなり得ません。認知症における心理面の異常は、他の機能不全と同時並列的に起こる点が重要であり、それが病のすべてというわけではないからです。

　心理面の異常が、病の本質に関わることは間違いありませんが、あくまでも他の要素と同列の一要素と見るべきです。

　さて、ここで見た３つの要素（記憶障害、認知機能障害、心理症状）は、いずれも認知症の診断基準で重視されているものです。これらは皆、わかりやすい形で現れる症状であり、それだけに受け入れやすいものと言えます。だからこそ、これらは認知症の代表的な症状として認められているのです。

　しかし、いずれも認知症を構成する重要な要素であるとはいえ、病の核とするには弱いと言えます。記憶障害があるからこその認知症と言うことはできませんし、認知機能に障害があるからこその認知症と言うこともできません。同様に、心理的な異常が起こるから認知症と言うこともできません。要は皆、それ単独で病の本質を示し得るようなものではないということです。

　だからこそ、認知症における病の本質は、これらとは別のところにあると見なければなりません。そして、わかりやすい形では現れていないのですから、必然、それはわかりにくい形で存在しています。それが、自我―人格機能の障害というわけです。

　自我―人格機能は、認知―言語機能や感覚―運動機能のように、わかりやすく直接的な作用をもつわけではありません。物忘れが激しくなったり、うまく体を動かすことができなくなったりといったような、はっきりとした機能障害が出るわけではないので、障害が軽度な段階では表には現れにくいのです。

　また、障害が重くなっても、認知症のケースでは判別しづらい理由もあります。たとえば、ピンポイントに自我―人格機能だけが障害を受けるようなケースでは、認知や運動といった機能は衰えていないのに、行動の段取りや順序立てがうまくできなくなったり、会話がかみ合わなかったり、性格面で大きな変化が現れたりするので、すぐに異常に気づくことができます。

　しかし、認知症の場合には、認知―言語機能をはじめとした他の機能も同時に低下しているために、それが単純な機能低下によるものなのか、それともそれ以外の要因が絡んでいるのか見分けがつきにくいのです。

　加えて、一般的には自我―人格機能といった概念がなく、この障害に対する理解がないために、どうしても他の機能障害と混同しやすくなります。その結果として、「認知症」という、何が障害されるのかよくわからない名称がつけられることになっているわけです。

5. 認知症という病の特殊性について

　ここからは、認知症が単純な機能障害ではないことを明確にするために、また認知症という病の特徴を浮き彫りにするために、代表的な症状の裏に隠された特殊性について、さらに詳しく見ていきます。

1）記憶障害における特殊性

　認知症における記憶障害には、既存の定義や診断基準に見られる単純な記憶力の減退だけでなく、実際には別の要素が含まれています。この要素が、健忘症などによる物忘れとは違う、認知症に特有の物忘れを生み出すことになります。

　認知症に関する記憶障害で、一般的な知識としてよく知られているものに、「健常者は体験の一部を忘れ、認知症の患者は体験そのものを忘れる」というものがあります。具体的には、前者は朝食に「何を食べたか」を忘れても、食事をしたこと自体は覚えています。これに対して後者は、食事をしたこと自体を忘れてしまいます。

　このような、物忘れが記憶の一部にとどまるか、それとも全体に及ぶかという違いは、何を意味しているのでしょうか。

　一般的な解釈としては、それは受ける障害の量が関係するという見方があります。記憶障害の程度が軽ければ、体験の一部だけを忘れるだけですみますが、障害が重くなれば、つまり障害の量が増えれば体験そのものを忘れてしまうというわけです。

　こうした説明はシンプルでわかりやすいだけに、納得もしやすいものです。しかし、わかりやすさと正しさは必ずしもイコールではありません。

　そもそも、物忘れの程度が重くなれば、体験そのものを忘れるという見方自体が間違っています。

　健忘症の場合は、物忘れの程度が重くなれば、簡単に忘れたり、頻繁に忘れるという形で現れます。本来、物忘れがひどくなるというのは、こういう

ことを指します。

　それにもかかわらず、認知症の場合には、忘れる頻度が上がるということではなく、体験そのものを忘れるという形で現れます。要は、忘れたことに対する自覚がないわけで、これはもう、単純な記憶力の減退という話ではありません。

　このことを踏まえて、認知症の診断基準を見直せば、記憶障害という現象の背後にある、別の要素が見えてきます。

　ICD-10でもDSM-Ⅲ-RでもDSM-Ⅳ-TRでも、記憶障害だけでは認知症の症状とは認められません。それが、日常生活や社会生活に支障をきたした状態になって、はじめて認知症と認められます。

　記憶障害が社会生活に支障をきたすというのは、具体的にはどういうことでしょうか。

　記憶力の減退が、社会生活を送る上でプラスにならないことはわかりきっています。ただし、即座に生活に支障をきたすほどマイナスに働くわけでもありません。なぜなら、記憶力の減退とは、決して対処不可能なものではないからです。

　記憶力に衰えが出たとしても、それを補う方法はいくつもあります。たとえば、日常や仕事のスケジュールを忘れやすいのであれば、頻繁にメモをとったり、やるべきことを先延ばしせずに、すぐに処理することを心がけることで対応できます。あるいは、あらかじめスケジュール表を作成して、それに適宜目を通すことでも対処できます。他にも、信頼できる他者を頼って、手伝ってもらうというのも一つの手段です。

　もちろん、減退の度合いが大きくなれば、補足が困難な場面も出てきます。ただ、それは不便や不都合のレベルであって、日常生活が破綻するようなものではありません。

　当たり前のことですが、年齢を重ねれば誰でも記憶力は減退します。それを不便に感じはしても、皆それを受け入れて対応することで、マイナスを解

消しています。

　もともと、記憶力に限らず障害というものは、完全になくすことはできなくとも、有効な対処をとることで、かなりの程度まで克服できるものです。

　たとえば、事故や病気など、何らかの理由で視力が低下したとして、そのままにしておくと日常生活に支障が出てきます。しかし、メガネやコンタクトレンズを用いて視力の低下を補えば、以前と変わらない生活を送ることができます。この場合、視力を道具で矯正した人を視覚障害者とは呼びません。

　同様に、記憶力が減退しても、いろいろと工夫をこらしたり、他者からの援助を受けることで、状況は改善します。それによって支障なく日常生活を送ることができれば、それはもう病気や障害の段階ではないのです。道具で視力を矯正した人と同列です。

　そして、だからこそ、それを許さない認知症の記憶障害は特殊なのです。

　認知症患者の場合、記憶障害が及ぼす影響力が、社会生活に支障をきたすレベルで現れます。一般的には、それは物忘れの度合いが大きすぎるために対処しきれないという捉え方をされることが多いのですが、それは違います。

　確かに、認知症の末期になれば、脳の機能低下の度合いは激しくなり、意識そのものがもうろうとしています。他者の記憶はもとより、自分が誰かすら分からないような状態であり、記憶障害に対処できるような状態ではありません。

　しかし、これは末期段階のことであり、そうした段階に至る前であっても、認知症の患者はうまく対処することができません。これはつまり、認知症という病がもつ性質そのものに、対処を阻害する要因があると見なければなりません。そして、この要因こそが認知症という病の核に深く関係しているのです。

　では、そもそも有効な対処がとれないというのは、どういう状態を指しているのでしょうか。これを理解するには、私たち自身が普段どのようなことを行っているかを思い返せばよいのです。

何らかの不便や不都合に対して処置を施すには、何が必要でしょうか。

まず必要となるのは、自分の置かれている状況や状態を適切に把握することです。能力低下が負担を増やすことは間違いないのですが、それを十分に自覚していれば、上手く対応することもできます。

能力低下と折り合いをつけるには、何よりもまず、自身の能力が落ちていることを自覚しなければ始まりません。どういった能力が、どの程度衰えているのか。今の自分にできることは何で、できないことは何か。これらをある程度正確に把握できなければ、上手く対応することはできません。

誰にでも、自分の衰えを認めたくないという気持ちはありますし、それが妨げとなって現状をうまく認識できないこともあります。自分はまだまだできるはずだと思い込んで、失敗をしてしまうことも珍しいことではありません。

しかし、それは病的なレベルではありません。多少自分への見立てを誤ることはあっても、取り返しがつかないというほどではないのです。

これが認知症患者の場合には、現状認識の力が異常なレベルで低下します。これにより、今の自分の状態や置かれている状況を把握することが、非常に困難となります。

病症を自覚することに支障がでるために、記憶障害によって物忘れが激しくなるだけでなく、自分が忘れているという事実を理解することができなくなります。これを外から見ると、まるで体験そのものを忘れているかのように見えることになるわけです。

実際に患者の内面で起こっているのは、現状認識や自覚の障害です。それが、体験そのものを忘れることの真実であり、記憶障害という現象の背後にある、認知症の特殊性なのです。そして、この特殊性を生み出しているのが、自我―人格機能の障害というわけです。

2) 認知機能障害の特殊性

　判断や思考に関する能力の低下や、情報処理全般の悪化という現象にも、特殊な部分があります。これは、記憶障害のケースと基本的に同じものです。

　判断力や思考力の減退も、加齢につれて自然に起こります。それだけに通常の状態であれば、経験で補うなどの方法で対応することができます。ですから、それによって生活そのものが破綻することは、まずありません。

　それにもかかわらず、認知症ではそれらが重い障害となるのは、そこに障害への対処を阻害する要素が絡んでいるからです。

　判断や思考が適切に行われるためには、やはり現状認識をうまく行う必要があります。今の自分がどういった状態にあり、どのような状況にあるかを正確に把握できなければ、判断や思考はうまくいかないからです。

　現状認識や自覚といったものは、あらゆる行動の基礎となるもので、これがうまくいかないと行動全般に著しい支障が出ることになります。これらは能力の高低とは根本的に異なるもので、認知機能が減退したから支障が出るというものではありません。

　これは、健忘症の人であっても、自分の衰えはきちんと自覚していることからも明らかです。

　また、健常者でも、知的能力は高いのに判断力や思考力に難のある人がいますが、それはおおむね現状認識や自己認識にズレや歪みがあることが原因です（もちろん、病気というわけではありませんが）。高い能力をもっていても、それを活かす土台がしっかりしていないとうまく機能しないということです。

　思考や判断といったものは、独立した単一の能力というよりは、手持ちの能力を活用するための総合的な資質が関係しています。ですから、それが急激に低下するのは、単純に認知機能の障害というよりは、より総合的な領域である自我―人格機能が障害を受けていると見なければなりません。現状認識や自覚の障害も、それによって生じていると見るのが正しいのです。

　これ以外にも、行動の際には、それをどのような目的で行うのかをしっか

り把握しておく必要があります。行動時に目的を見失ってしまうと、思考や判断にブレが生じてしまい、高い確率でミスにつながります。仕事や作業の中で起こるミスは、これが原因となるケースが多いと言えます。

　こちらも、健常者にも普通に見られるものですから、認知機能の減退自体がそれを生むわけではありません。能力自体は優秀なのにケアレスミスが多い人や、目先のことにとらわれて全体の段取りが悪いといった人は、そう珍しくありません。こうしたタイプの人は、目的性の保持に難があると見るべきです。

　認知症でそれが特に重い障害として現れるのは、こうした目的性の保持がダイレクトに障害を受けているためです。

　若年性の認知症患者が、職業的機能に著しい障害が出て仕事を続けられなくなるのは、この目的性の障害によるところが大きいと考えられます。

　彼らは、仕事に必要な能力自体はあるにもかかわらず、手順前後を繰り返したり、ケアレスミスを重ねたりして、円滑な作業ができなくなります。これもまた、単純な能力低下として扱うのではなく、自我―人格機能の障害と見るべきです。

　また、失語や失行、失認といった情報処理系の障害についても、それぞれにやっかいな面はあるものの、本来は対処不可能なものではありません。言語や運動機能、感覚機能に障害を受けるとしても、他に使えるものがあるのなら、代替手段をとることができるからです。

　当然、そのためには、今の自分に何ができて、何ができないのかを把握する必要があります。それができなければ、代替手段もとりようがありません。

　つまり、情報処理系の障害によって日常生活に支障がでるのは、情報処理それ自体のエラーに原因があるというより、それに対処する力のほうに障害を受けることが問題ということになります。

　本当に注目すべきなのは、能力の低下やエラーそのものではなく、それに対処する力が障害を受けるという点です。これを見落としてしまうと、認知

症という病への理解は進まなくなります。

　社会生活や職業的機能に著しい障害が出ている場合は、まずこの部分に問題がないかどうかをチェックする必要があります。それをせずに、記憶力や失語、失認といった能力の低下だけに注目するのは、大きな誤りです。この点を明記していない現状の診断基準には、問題があると言わざるを得ません。

　能力低下というわかりやすい形で現れる現象の裏には、その対処や改善を阻害する別の要因があります。認知症という病を理解するには、この点を見逃してはならないのです。

3）病態失認

　自分の状態を把握することは、何か行動を起こす際の起点であり、これがある程度正確にできないと、あらゆる行動に支障をきたすことになります。

　こうした症状が顕著に現れたものとして、認知症では記憶力や判断力の低下に加えて、自身の健忘に対する無関心や、さらに否認が加わるケースがあります。これは「病態失認」と呼ばれる状態です。

　病態失認は、通常の失認とは性質が異なります。失認は、目や耳の機能は正常なのに、視覚や聴覚の情報が正しく認知できない症状を指します。つまり、一定の感覚路を介する認知障害を意味しています。

　これに対して病態失認は、病態への無関心や否認を中心的な症状としています。記憶力が低下して物忘れがひどくなっても、それに関心を払わずに、何事もないかのように振る舞ったり、他者からそれを指摘されても、かたくなに認めようとしないといったことが起こります。

　こうした病態への自覚のなさは、多くの場合、不適応行動に直結するために、介護や看護という面では、能力低下よりよほど問題視されています。

　病態失認は、認知症に特有の症状というわけではありません。たとえば、事故などで大脳右半球の体性感覚野を損傷した際に起こることがあり、このケースでは、右脳を損傷して左半身が麻痺しても、その症状を自覚すること

ができないということが起こります。左手を動かすように指示されて動かすことができなくても、何も気にしないし、きちんと動くと言い張ったりします。

こうした症状は、外部からの情報を正しく認識できないから症状を自覚できない、というメカニズムで起こるものではありません。情報を正しく認識できていない自分を、きちんと認識できていないことで生じています。

つまり、病態失認の本質とは、自分自身の状態を正確に把握できなくなるという部分にあると言えるのです。

自身の病態に対して無関心であったり、時に否認したりするのは、それが自分に不利益なものだからではありません。自分の不利益に目をつぶることは、誰でも多かれ少なかれするものです。都合の悪いことや不快なものから目を背けるのは、人の常です。

しかし、病態失認の患者は、そうした嫌なものから目を背けるという動機から病態を無視しているわけではありません。

なぜなら、そもそも彼らは自分が障害を負うことで不利益を被っているということを理解していません。これは、現在の自分が置かれた状況や、自分自身の状態を正しく把握できていないことを示しています。

認知症患者の場合、他者との約束を忘れてしまった時などに、事実を指摘されても、それを認めることができないといったことが起こります。いくら言われても、かたくなに否定したりします。

これは、約束した事実そのものを忘れていると同時に、自分が忘れてしまっているという可能性を全く考慮していないことを示しています。

普段から物忘れが激しいことを自覚できていれば、他者からの指摘に対して、「そういうこともあるかもしれない」と思うのが普通です。しかし、認知症患者はそうはならず、逆に指摘した他者に対して激しい攻撃性を向けたりします。当然、こうした行為は人間関係に亀裂を生むことになります。

こうした症状の数々を、認知能力の低下に帰すことはできません。ただ認

識に食い違いが発生するだけなら、認知機能の障害を疑うべきですが、自分
の状態を正確に把握できなくなるのは、自我―人格機能に障害が出ているた
めに、自己認識がうまく働かなくなったためです。両者は似て非なるもので
あり、混同するべきではありません。

4)「自分」の喪失

　症状の自覚がないという状態を、甘く見てはいけません。それは、ただ記
憶がない、忘れてしまっているという話ではないのです。

　自分がどのような状態にあるかがわからないというのは、「現在」に対す
る認識が混乱しているというだけではありません。

　現在の自分というものは、唐突に生まれるものではなく、過去からの一連
の流れとして成立しています。今の自分を作り上げているのは、過去の出来
事や経験であり、その続きとして現在の自分が存在しています。

　ですから、現在に対する認識が混乱しているということは、こうした過去
からの連続性も混乱していることを示しています。

　過去の出来事を忘れるだけなら、ただの物忘れですが、自分が忘れたとい
う事実を理解できずに否認するのは、忘れたかもしれない過去の自分と、現
在の自分とをうまく統合できていないことを示しています。

　通常であれば、約束事を忘れたとしても、それがあり得た可能性を考慮し
ますし、もしかしたら忘れたかもしれないと不安を感じたりもします。身に
覚えのない怪我があったとしても、その怪我自体を無視するようなことはあ
りません。それは過去の自分を、きちんと現在の自分の一部として統合でき
ているからです。

　これが崩れると、過去の意味が失われてしまい、現在だけがすべてになり
ます。この結果、今、覚えていないことは全てなかったことになってしまう
のです。ですから、他者からそれを指摘されても、受け入れることができま
せん。それは忘れたかもしれないことではなく、もとから無かったものとさ

れてしまうからです。

　これは、過去から現在への連続性が崩れて、自分というものから一貫性が失われた状態ということができます。

　さらに、現在の自分を成立させているのは、過去からの連続性だけではありません。これから先に何をするのか、何かをしたいという未来への展望もまた、今の自分を構成する重要な要素となります。

　先を見据えると言えば難しく聞こえますが、たとえば、冷蔵庫を見ると明日には食べ物がなくなりそうだから、今日のうちに買い物に行こうというのも、立派に先を見据えた行動です。先のことを予測して現在の行動を決定することは、誰でも当たり前にしていることなのです。

　しかし、認知症患者は、この当たり前のことができません。過去の記憶を失っているというだけでなく、未来のことを見据えて行動することにも問題を抱えています。

　こうした問題は特に、目的性の混乱という形で現れることになります。自分が何をすべきなのかという先の見通しと、現在の行動との一致がうまくいかないために、行動が一貫せずにブレてしまいます。

　その結果、段取りがうまくいかず、必要なことをしなかったり、逆に必要でないことをしたりします。こうなると、特に職業的機能に大きな支障が出ることになります。

　病状に対する自覚がない、現状をうまく認識できないという状態を、決して軽く見てはいけません。この現象の背景には、自分という存在自体をうまく定めることができていない状態があります。これが進行すれば、自分そのものが徐々に崩れて、失われていくことになります。それがどれだけ重い意味をもつことであるかは、強調するまでもないことでしょう。

　こうして見ると、認知症の本質とは単純な能力低下などではなく、人間性そのものに深く関わる、より高次のレベルにあることがはっきりしたと思います。

　認知症は、ともすれば物忘れと結びつけて捉えられがちですが、病の本質はそんなところにはないのです。

　物忘れがひどくなることも、やっかいな状態には違いありません。しかし、認知症におけるトラブルとは、実のところ、能力低下や異常に対処する力が失われていることが大きな原因となっているのです。

　トラブルにうまく対処できなければ、それが原因でまた新たなトラブルが生まれることになります。それが次々と重なっていけば、社会生活はたやすく破綻してしまいます。

　認知症にはわかりやい形で現れる多くの症状がありますが、それは認知症という現象の上辺でしかないのです。それらに目を奪われていては、病の本質は見えてきません。それどころか、見当違いの推論を重ねるだけで、本質からはますます遠ざかってしまうことになります。

　認知症で現れるあらゆる症状を、認知機能障害の延長線上に捉えようとする姿勢がまさにそれで、病を理解しようとして、逆に誤解を深めています。

　この病の本質は、決して機能障害としての部分にあるのではありません。認知症が大きな社会問題となるのは、この病が、一つの人柄、一つの性格として確立された「自分」という存在そのものを、大きく揺るがすからです。

　自我―人格機能が障害を受けることで、自分というものをうまくコントロールすることができなくなります。この症状がもつ意味はとても重いものです。自分が自分の思うようにならず、また、思うようにならないという事実すらわからなくなります。そんな状態では、能力低下に対処できるわけがありませんし、自分というものを安定的に保つことも難しくなってしまいます。

　認知症が真に恐ろしいのは、この病が人間としての在り方や、人間性（人間らしさ）といった面を強く揺さぶり、危うくさせることにあります。

　そして、人間性というものは、能力によってのみ構成されているわけではありません。むしろ、情動や感情、欲求、気分、情緒といった、能力的な枠

組みでは捉えられないものにこそ、より人間的な性質があると見るべきで
しょう。

　そうであるのなら、認知症という病の本質を理解して、何が冒されている
かを知るためには、人間のもつ情動や感情といった、「情」に関する作用と
の結びつきについても、考えを深めておく必要があります。これについては、
次の心理症状に関する項で説明します。

　以上に見たように、一般に認知症の代表的な症状とされるものの背後には、
ただの機能障害を「認知症」とよばれる病に変えてしまう特殊性が存在して
います。この特殊性を引き起こす原因となるのが、自我―人格機能の障害な
のです。

　認知症という病の核は、認知機能の障害に対して認めるべきではありませ
ん。認知を含めた全ての機能領域を統合する機能が障害を受けることが、病
の本当の核であり、認知症という病の実態なのです。

　「自分」というものを構成している諸要素を、うまく統合することができ
ない状態とは、「自分」というものが失われてしまうことに他なりません。
認知機能が障害を受けて、記憶を失うから、そうなるのではないのです。自
分自身を形作る様々なものを、一つにまとめる力が損なわれることが原因な
のです。

　たとえ、記憶が残っていたとしても、またその他の機能が維持できていた
としても、それを一つにまとめることができなければ、一貫した性質をもっ
た「自分」というものを保つことはできません。以前と同じ顔をもち、同じ
声で話をしたとしても、その人をその人たらしめていた土台は失われてし
まっているのです。自我―人格機能が損なわれるということは、記憶や能力
が失われること以上に、その人の「たましい」が失われてしまうことを意味
しているのです。

6. 認知症における心理症状の意味について

　認知症という病は、その名称に反して、認知機能だけに影響を与えるものではありません。この病の本質は、自我―人格機能の障害にあるので、各機能領域の働きすべてに、何らかの形で悪影響が出ることになります。そして、それが情動―感情機能との関わりにおいて現れたものが、認知症における心理症状ということになります。

　一言に心理症状といっても、その現れ方は人によって様々です。たとえば、ICD-10では、情緒易変性や易刺激性と並んで無感情が挙げられています。

　前者は情緒が変動しやすい状態を示しており、逆に後者は情緒の働きが著しく低下した状態を示しています。この２つはともに情動の働きに関係するとはいっても、その方向性は真逆です。こうした真逆の症状が混在するところに、心理症状がもつ複雑さが見てとれます。

　しかも、こうした情緒的な不安定さをベースとして、実際にはさらに多くの症状が現れます。

　たとえば、認知症患者は不安や焦燥に駆られることが多くなったり、些細なことで興奮して暴言や暴力をふるうなど、攻撃性が増大したりします。逆に、やる気を著しく失って、ぼうっとして何もしないことも増えます。気持ちがひどく落ち込んだり、ふさぎ込んだりして、人に会うのを嫌がったりするといったような、うつに近い症状が現れることもあります。

　このような、心理症状の現れ方が多くの種類に分かれる理由について、現行の理論では明確な説明はされていません。

　一応の見方として、損傷した脳の部位や程度によって症状の出方に違いが出るという捉え方がありますが、それが実際の対応には役立たない、とても曖昧な見方であることは、すでに述べたとおりです。

　この見方を貫くのであれば、損傷状況と実際に起こる症状との関連性を具体的に示さなければ、科学的な説明とは言えません。どの部位がどの程度傷つくと、どういった症状が現れるのか。そうした損傷と症状の関連づけが高

水準でできて、はじめて有益な説明原理となります。それができない限りは、ほとんど意味がないのです。

　それに、そうした見方は現状における理解の形からも外れています。現状での認知症の一般的な捉え方を再確認すると、次のような図式になっています。

　　脳の器質的損傷　→　中核症状　→　周辺症状
　　（脳の物理的な障害）（認知機能の障害）（心理的な症状）

　はじめに脳が器質的な損傷を受けることで、諸々の認知能力が低下します。そして、その認知能力の低下を受ける形で、様々な心理症状が現れるという構図です。

　この捉え方では、脳の損傷と心理症状との間に、直接的な関係性はないことになります。両者の関係は、中核症状を介しての二次的なものとなるからです。

　直接的な結びつきではないだけに、両者の因果関係は不透明ではっきりしません。それだけに、脳の状態をもとに心理症状を説明しようとしても、どうしても無理が生じるのです。

　もし脳を治療することで心理症状を完全になくすことができるなら話は別ですが、現実的ではありません。

　結局のところ、脳の損傷程度や部位によって心理症状の現れ方が変わるという考え方では、症状の違いに対する具体的な説明ができないので、実際の介護の現場では何の役にも立たないのです。そのために、心理症状を理解するための枠組みは、こうした形とは別のものでなければなりません。

　とはいえ、それならば認知機能の障害が心理症状を生み出すとする現状の考え方が、心理症状を理解する上で適切かといえば、それも違います。

　この考え方はとてもシンプルであるだけに、誰にとってもわかりやすいと

いう強みをもっています。ただし、それは考えの筋道を理解しやすいという類のわかりやすさであり、実際に現れる症候群の背景を理解しやすいというわけではありません。

　症候群に対する理解ということで言うなら、この理論には重大な欠陥があります。それは、実のところこの理論でも、認知症で現れる心理症状の実態をうまく説明できないという点です。

　この理論では、心理症状は認知機能が障害されることで起こる、二次的な障害として把握されることになります。

　中核症状に対する周辺症状（＝心理症状）という名称が示すように、認知症という病のメインは、あくまでも認知機能の障害にあり、心理症状はそこから派生して生じる副次的なものとして扱われています。

　副次的とはいえ、認知症の研究で、心理症状がおざなりにされているというわけではありません。むしろ、それをどう抑制するかは重要な研究課題とされています。なぜなら、実際の介護現場で問題になるのは、認知機能の障害よりも、心理症状であることが多いからです。

　病の構成（理論）では副次的な扱いを受けながら、介護（実践）ではメインの研究課題になるという、このかみ合わない構図が、現状での心理症状に対する理解度の低さをよく表しています。

　心理症状が介護現場で問題視されるのは、それが他者との関係性に悪影響を及ぼすからです。これが認知症が抱える重要な問題であることは間違いないことですし、そうであるなら、病の本質から切り離して捉えるべきではありません。

　現状の理論でそれができていないのは、一つは、記憶障害や認知障害といった症状の表面的な部分だけに目を奪われて、その背後に潜む、より重要な現象を見落としているからです。

　機能的な障害にとらわれた見方をしているために、症状の本質を捉えきれていません。ですから、心理症状との関連づけがうまくいかなくなります。

結果として、機能が低下することの弊害^{へいがい}として心理症状が起こるなどという、ひどく遠回りな理屈にならざるを得なくなるのです。

　もう一つの理由は、心理症状が現れるメカニズムを捉え切れていないにも関わらず、それを強引に認知障害と関係づけようとしているからです。

　認知症以外のケースで認知系の障害を受けた場合、認知症と同様のレベルで心理症状が起こるかといえば、そんなことはありません。健忘症や失認、失行といったケースでは、多少情緒的な不安定さが現れることはあっても、認知症のように重い心理症状が出ることは希なことです。

　それにも関わらず、認知症に限り、認知障害を受けたから重い心理症状が起こるとするのは、明らかに無理があります。そこに見えるのは、「認知障害ありき」の考え方であり、そこに全ての症状を強引に結びつけようとする姿勢です。

　しかし、はっきり言ってしまうと、それは「認知」という概念にとらわれた物の見方でしかないのです。そんな偏った考え方では、心理症状の実態を捉えることなどできはしません。

　同じ認知機能が関係する障害であっても、認知症とそれ以外のケースでは心理症状の現れ方に違いがあるということは、そこに何らかの特殊なメカニズムが存在することを示しています。それが、認知症という病の核を探る上で、重要なポイントになることは間違いないことです。

　そして、この特殊なメカニズムをひも解く鍵となるものが、自我―人格機能という概念です。この概念を用いることで、現在の構造のような二次的な関係ではなく、心理症状を含めた全ての症状を、自我―人格機能の障害という単一の軸で捉えることが可能となるのです。

7. 心理症状の実態
1) 自我―人格機能の障害による影響

　認知症における心理症状は、自我―人格機能が障害を受けることと強く関

係しています。自我—人格機能の働きが低下することで、自分というものを
うまくコントロールすることができなくなります。この影響によって、情動
—感情機能の働きも大きくバランスを崩してしまい、制御することが難しく
なります。その結果として現れる諸々の異常な行動が、心理症状とよばれる
ものの実態です。

　注意しなければならないのは、これは情動—感情機能の働きに何も問題が
なく、自我—人格機能だけに問題があるということではないという点です。

　自我—人格機能は、各機能領域の働きをまとめて、統合する働きをもちま
す。ただし、それは上位の機能が下位の機能を一方的に統制するといった関
係ではなく、両者はあくまでも相互作用的な関係にあります。

　つまり、自我—人格機能がその力を十分に発揮するためには、自我—人格
機能それ自体の働きが高いことに加えて、それ以外の各機能領域がバランス
よく働いていることが必要となります。

　異なる性質をもつ機能をまとめるというのは、それ自体、かなり力のいる
ことですが、各機能の働きに大きなバラツキがあるような場合ですと、より
いっそう労力がかかることになります。もともとバランスがとれているもの
を軽めに調節するのと、バランスが悪いものを調節し直すのでは、必要とな
る力が違ってくるのが当然です。

　各機能領域がバランスよく働いていれば、それだけ自我—人格機能にかか
る負荷も小さくなり、より容易にコントロールすることができるようになり
ます。

　逆に、各機能領域の働きに大きなバラツキがあれば、それだけ自我—人格
機能にかかる負荷は大きくなり、コントロールが難しくなってしまいます。

　精神機能におけるバランスとは、認知—言語機能、感覚—運動機能、情動
—感情機能といった各機能ごとの作用バランス（表における縦軸の調和）に加
えて、同一の機能領域における「自己」モーメントと「他己」モーメントの
作用バランス（表における横軸の調和）という二つの側面があります。

　認知や運動といった一部の能力は秀でているのに、それをうまく使いこなすことができず、実現可能なはずの目的を達成することができないといったケースでは、機能領域間の作用バランスの悪さが原因で、自我—人格機能の働きに悪影響が出ていることが考えられます。

　それとは別に、特定の機能領域の働きに異常や混乱が目立ち、それが原因で行動全体が安定しないようなケースでは、その機能領域における「自己」モーメントと「他己」モーメントのバランスが悪いことが原因で、自我—人格機能の働きに悪影響が出ていることが考えられます。

　こうした点を踏まえれば、認知症において、特に情動—感情機能の乱れが顕著に現れて、大きな問題となるのは、自我—人格機能が障害を受けることに加えて、情動—感情機能の働き自体にも問題があると考えられます。

2)情動—感情機能の問題

　それでは、情動—感情機能の問題とは、具体的にどのようなものでしょうか。

　認知症患者の場合、自我—人格機能の働きに障害を受けることで、自分をうまくコントロールすることが困難な状態になります。このために、情動—感情機能の働きもうまく制御することができなくなります。

　情動—感情機能の制御が困難になり、暴走したり停滞することで、諸々の心理症状が現れることになります。これが、認知症における心理症状の基本的な捉え方です。

　このとき、実際の症状がどのような現れ方をするのかには、かなり大きな個人差があります。比較的対処が易しい軽い症状のケースもあれば、反社会的な行動が多く現れて、対処が非常に困難となるケースもあります。

　こうした個人差が生まれるのは、自我—人格機能が受ける障害の程度に関係するというよりは（全くの無関係というわけではありません）、患者によって情動—感情機能の働き方に違いがあることに大きな原因があると考えられ

ます。

　つまり、情動―感情機能の働きが、どのようなバランスのもとで作用しているかが、心理症状の現れ方に直接的に関わってきます。情動と感情のどちらかに極端に偏っているなど、作用バランスが崩れている度合いが大きいほど、現れる心理症状の程度は重いものになるということです。

　そして、そうした情動―感情機能の乱れは、認知症という病が引き起こしたものではありません。つまり、それは認知症を発症する以前の段階から、患者が元々もっていた性質ということになります。

　患者が潜在的にもっていた情動―感情機能のバランスの悪さが、自我―人格機能が障害を受けて、自分をうまくコントロールすることができなくなったために、修正や抑えが効かなくなり、前面に現れるようになります。これまでは、自我―人格機能の働きによって、ある程度修正したり、抑制していたものが、リミッターが失われることで暴走してしまうというわけです。

　情動―感情機能は、「こころ」の働きを司っており、他の機能領域と比較しても、自己モーメントと他己モーメントのバランスが、より大きな意味をもっています。両者がきちんと働くことで、はじめて「こころ」は安定した状態を保つことができます。逆に言えば、「こころ」が不安定な状態にあるときは、両者のバランスに何らかの問題が生じていると見ることができます。

　心理症状の中でも特に目立ち、また周囲の人々が迷惑を被りやすいのは、情動機能の乱れに起因するものです。

　情動機能が乱れると、常にイライラしたり、強い不安を感じたりして、身近な人に当たり散らしたりするようになります。それまで気にしなかったことが気に障り、些細なきっかけから激しく怒り出したり、暴言や暴力をふるったりします。また、食欲や性欲といった欲求を我慢することができなくなり、後先を考えず衝動的に行動したりすることもあります。これらの症状はすべて、患者が自身の情動機能をうまく抑制できていないことで生じています。

　ここで注意しなければならないのは、情動機能の働きが暴走しているからといって、これをそのまま情動機能の不具合として捉えてはならないという点です。

　むしろ、そうした症状は、対となる感情機能の側の働きに、何かしらの問題があることを示しています。

　情動機能の働きに問題がある場合、それは欲求や情緒の暴走といった形ではなく、欲求の低下や情緒の喪失といった形で現れることになります。そもそも、機能の働きが悪くなるというのは、動きが鈍くなったり、無くなってしまったりすることを指すのであって、抑制が利かなくなる状態を指すものではありません。

　抑制が利かずに暴走した状態というのは、機能の働きそのものに問題があるのではなく、働きを抑えるブレーキの側に問題があると見なければなりません。

　そして、情動機能の働きにブレーキをかけるものが、対となる感情機能の働きなのです。

　そもそも、情動機能の働きとは、情動機能自体の働きによって抑えられるようなものではありません。また、多くの人が「理性」の働きとして考えるような、認知機能の働きによって抑えられるようなものでもありません。それは、情動機能と対になる感情機能の働きによって、はじめて適切に抑制することができます。

　欲求や情緒、気分といった自己に閉じた心の働きにブレーキをかけるには、逆のベクトルをもった力が必要になります。それが、「他者に開かれた心」である感情機能の働きなのです。

　自分のために何かをしたい、何かを求めようとする欲求を抑えるには、自分を抑えてでも求めようとする別の何かが必要となります。そして、それは似通った方向性をもつものではなく、真逆の性質をもったものであることが望ましいのです。

　感情機能とは、「他者の心を感じるこころ」の働きです。自分のとった行動によって、他者が悲しんだり、腹を立てたりして嫌な思いをしたとき、そうした他者の心を感じ取り、それを我が事のように感じることで、自分もまた嫌な思いを抱えることになります。他者の悲しんでいる様子や怒っている様子を見て、自分の心に強い痛みを感じます。この痛みこそが、欲求や衝動にブレーキをかける大きな力となるのです。

　もともと、自分を抑制する必要性というものは、他者との関係性の中ではじめて生じるものです。もし、自分の他に誰もおらず、ただ一人だけで存在している状態があるとすれば（現実的ではありませんが）、そのとき自分を抑える必要はどこにもありません。何を求めようが、何をしようが自由です。思うままに振る舞ったとしても、何の問題もありません。

　しかし、他者との関係性の中に身を置いているときにはそうはいきません。他者との関係を良好に保つには、してはいけない行動というものがありますし、何でも自分の思うとおりにするわけにはいきません。他者への配慮や気遣いを行い、自分の欲求や衝動を抑える必要がでてきます。それを無視して行動すれば、他者との関係性はギスギスしたものとなり、最悪の場合、関係が絶たれることになります。

　そして、人間とは本来、他者との関係性の中で生まれ、育ち、死んでいく存在です。人間にとって他者の存在は欠かすことができないもので、それなくしては自分を安定的に保つことができないのです。

　感情機能が十分に働いていれば、他者の喜びを我が喜びとし、他者の悲しみを我が悲しみとすることで、特に意識しなくとも、他者に対する配慮や我慢をごく自然なこととして行うことができます。これは人間が生まれながらにもつ心の働きであり、頭で考えて行うようなものではありません。

　まだ認知機能が未発達な段階にある幼児であっても、身近な他者のことを思いやり、自分の欲求や衝動を抑えることは十分にできます。

　親に迷惑をかけることを嫌がって、わがままを我慢したり、親の喜ぶ顔を

見たくて自分のことよりも手伝いや、言いつけを守ることを優先させたりします。子どもは難しい理屈は知らなくとも、頭ばかり発達した大人よりも、よほど倫理的な行動をとったりするものです。

こうした形のブレーキとは別に、人間には利己や保身といった観点から、自身の欲求を抑制するという側面もあります。また、何か大事を成し遂げようとする功名心や野心といった大欲をもとに、小欲を制するといった生き方をする人もいます。こうした一種の克己心と呼べるような、欲求を抑制しようとする強い意志を持つことで、かなりの程度自分をコントロールできる人も、希にではありますがいます。

しかし、そうしたタイプのコントロールが誰にでもできる万人向けのものかといえば、決してそうとは言えませんし、何よりも、我欲に基づいた抑制は安定して継続させることが難しいのです。

空腹をおぼえて腹を満たしても、すぐにまた腹が減るように、あらゆる欲求には終わりがありません。さらに、欲というものは際限なく膨れあがるもので、苦労して大きなものを得たとしても、すぐにそれ以上のものが欲しくなります。

何かをしたい、何かが欲しいという欲求の力は非常に強力で、それをしてしまえば自分にとって損になるという理由だけで、これを抑制し続けることはとても難しいことです。利己や保身に基づく動機だけで抑えきれるほど、欲求や衝動の力は弱いものではありません。

人間とは、もとより不安定な存在であり、これを支えるには一つの柱だけでは不十分です。自分という存在を制御し、安定した状態を保つためには、「自己」という一本の柱だけではダメで、もう一つ「他己」という柱が必要になります。

だからこそ、情動機能と感情機能のバランスが悪く、情動機能の働きだけが高いといったケースでは、これをうまく抑制できないことが多くなります。自我―人格機能が働いていれば、ある程度コントロールすることはできます

が、そもそも情動―感情機能のバランスが悪い状態では、「こころ」の不安定さに引っ張られる形で、自我―人格機能の働きも弱体化してしまいます。これでは、よい結果は望めません。

3) 情動―感情機能のバランスと心理症状の関係

　認知症の患者に見られる心理症状は、直接的には自我―人格機能の障害によって生じるものです。

　しかし、心理症状が実際にどのような形や規模で現れるかは、その人の情動―感情機能の働き方に左右されます。

　もし、情動―感情機能が安定的に働いていれば、多少自我―人格機能の働きが弱まったとしても、それほど大きな影響は出ないことが予想されます。逆に、情動―感情機能の働きが相当に不安定な状態にあるような場合は、わずかに自我―人格機能の働きが弱まっただけでも、心理症状が現れる可能性があります。

　また、情動―感情機能の作用バランスが悪く、不安定な状態にある場合、自我―人格機能の働きにも悪影響を与えることになります。それが、いっそう心理症状を引き起こしやすい要因となってしまいます。

　こうしたことを考慮すれば、心理症状の根本的な原因となっているのは、情動―感情機能がバランスよく働いていないことにあると言えます。

　そして、それは認知症という病が引き起こしたものではなく、病を得る以前からもつ、患者自身の「こころ」の在り方が関係しています。

　人は誰でも、自我―人格機能がきちんと作用することで自分らしさを保ち、諸々の行動をコントロールして生きています。それがどの程度のレベルにあるかは、自我―人格機能の働き具合によりますが、少なくともある程度「自己」と「他己」のバランスをとりながら、社会生活を送っています。情動―感情機能のバランスが悪い人であっても、社会生活が破綻しない程度には自分を統制しているのが普通です。

　しかし、認知症を患うことで、自我─人格機能に障害を受けてしまうと、それまで自分の行動をコントロールしてきた力が弱まってしまいます。この結果として、その人が本来もっていた「こころ」の傾向が、修正や補正が加えられないまま、より鮮明に、より極端な形で現れることになります。

　認知症における心理症状は、患者にそれまで見られなかった傾向が現れることもあって、まるで人柄が変わってしまったかのように見えることがあります。自我─人格機能が障害を受けたことで、自分というものを安定的に保つことができなくなったという意味において、その見方は正しいといえます。自我─人格機能の働きが失われるということは、その人をその人たらしめていた要の部分（＝「たましい」）が失われることを意味するからです。

　人は過去の記憶が失われたときに、自分というものを失うわけではありません。各機能領域の働きを統合することができなくなり、まとまりある一つの心の形を維持できなくなったときに、自分を失うのです。

　認知症という病が恐ろしいのは、それが認知機能の働きを障害して、記憶力や判断力を低下させるからではありません。この病の真に恐ろしいところは、まだ生きているにも関わらず、今まで保ってきた自分らしさや、自分という存在の根拠が、急速に失われていくところにあります。だんだんと自分が自分でなくなっていくことが、どれだけ恐ろしいことかは、容易に想像することができるでしょう。

　ただし、一つ注意しなければならないのは、自我─人格機能が障害を受けたからといって、その人の人柄や性格がまったくの別物になるかといえば、そんなことはないという点です。

　元々とは違うものに変わってしまうのではなく、あくまでも、自分をうまくコントロールすることができなくなったことで、これまでは目に付かなかった部分が表に現れるようになるということです。この違いは、患者の心理状態を把握する上で重要なものとなります。

　独善的な態度を強く示したり、粗暴な振る舞いが急増したりするケースで

は、情動機能への偏りがもともと大きかったことが、心理症状を引き起こした要因と考えることができます。

このタイプの心理症状は、特に対応が難しく、周囲の人に多くの労力を強いるという特徴があります。もともとエゴが強く、欲求や衝動が大きかった人が、それを抑えることができなくなるのですから、対応が難しいのは当然と言えます。

また、それまで大人しかった人が、豹変したように攻撃的な態度をとるようになるといったケースもありますが、この場合は、それまで内に秘めて表に出さなかった、あるいは出すことができなかった性質が顕在化したことが原因と考えることができます。

他者の心を感じるという感情機能の働きによってではなく、利己や保身といった動機から自分を抑え、内面を表に出さないという人の場合、エゴは強いのに周囲からは大人しい人と見られることがあります。

こうした人が、自我―人格機能に障害を受けて、自分をコントロールすることができなくなった場合、それまで抑えてきたエゴの強さが前面に現れるようになります。それが、結果的に周囲からは性格が豹変したように映るわけです。

人がもつ性質は複雑で、表に見えるものと内にあるものが同じものとは限りません。長年連れ添ったような相手でも、本質を見誤ってしまうことはあるので、よく注意する必要があります。

情動―感情機能におけるバランスの悪さとは、情動機能の側に偏るパターンだけではありません。もう片方の、感情機能の側に偏るパターンもあります。

こちらの場合、他者への指向性や関心が強くなりすぎることで、常に他者の動向に左右されることになり、自分から進んで何かを求めたり、行動しようとする主体性や積極性が失われてしまいます。また、他者の心情に寄り添うことで安心を得ようとするあまり、親しい人に対して過剰に依存したり傾

倒したりすることもあります。

　他者に開かれた心は、実に人間らしく、素晴らしいものですが、それも行き過ぎてはマイナスの効果をもたらすことになります。

　行き過ぎた感情機能の働きにブレーキをかけるのは、対となる情動機能の働きですが、情動―感情機能の作用バランスが崩れていては、それもうまく機能しません。

　欲求や情緒の力が弱くなると、行動を起こすためのエネルギーが失われてしまいます。気分が落ち込み、何もする気が起きなくなり、活動性が低下します。強い無力感に襲われたり、自分には価値がないと感じたりします。

　こうした状態に陥ってしまうと、感情機能が働いていても、その役割を十分に果たすことができなくなります。

　感情機能には、ただ他者の心を感じるという受け身の面だけでなく、他者の心を感じた上で、他者のために何かしたい、何かしてあげようという能動的な面もあります。他者の喜びを我が喜びとして感じることで、自分から進んで他者を喜ばせてあげようとします。また、他者の悲しみを我が悲しみとして感じることで、他者を悲しませたり苦しませるようなことは、進んで避けようとします。

　情動機能の働きが著しく弱まってしまうと、他者の心を感じることができても、それに対応したり、他者に対して能動的に働きかけることができなくなってしまいます。これでは、感情機能が十分に働いていると言うことはできません。

　心理学モデルでは、情動―感情機能という形で便宜上分けてはいますが、本来、人間の精神とは不可分のものであり、当然「こころ」の働きも分離して働いているわけではありません。それはコインの表と裏のようなもので、両者はどこまでも一体のものです。そのために、どちらか一方だけの働きだけで十分というようなことはなく、両方は等分に価値があり、必要不可欠のものなのです。

　情動機能と感情機能のバランスが崩れてしまい、「こころ」が不安定な状態になると、それは行動にも表れるようになります。

　認知症患者における心理症状とは、自我―人格機能が障害を受けることで、患者の内面にあった「こころ」の乱れが顕在化したものと言えます。

　この点を踏まえれば、心理症状を理解するということは、その人がもともと持っていた心理的な傾向を、より深く理解することに他なりません。患者がどういう人間であるかを理解しなければ、その人に現れた心理症状を理解することはできないのです。

　その人がどういった人生を歩み、どういった経緯で「自分」を作り上げてきたのか。また、その過程で「自己」と「他己」のバランスがどういう状態にあるのか。これらを正しく捉えなければ、なぜ患者ごとに心理症状の現れ方が大きく異なるのかを理解することはできません。

　これを脳で生じた異常に原因があるとするのは、患者に対する理解を放棄しているに等しいと言えるでしょう。実際に、そうした考え方は、心理症状への理解や実践的な対応において何の役にも立たないものです。

　見るべきなのは、患者の脳の状態ではなく、患者の心の状態です。これを忘れてはなりません。

8.　他者との関係性

　ここで少し、他者との関係性というものが、どういった性質をもつのかについて、説明しておきます。

　認知症における心理症状の実態を理解するには、症状群を追うだけでは十分ではありません。それが患者や周囲の人々にどのような影響を与えるかを把握しなければ、この現象がもつ意味を正しく理解することはできないからです。

　心理症状が及ぼす影響の範囲は、他者との関係性に集中しています。そのために、心理症状という現象への理解を深めるには、他者との関係性がもつ

性質についても知っておく必要があるのです。

　まず第一のポイントとして、人間にとって他者との関係は必要不可欠なものであることが挙げられます。

　人は誰でも、他者との関係性の中で生まれ、育ち、齢を重ねていきます。それは死ぬときまで変わりません。

　両親という他者がいなければ、そもそも自分という存在は生まれていませんし、社会という他者がなければ、生命を維持していくこともできません。それは衣・食・住といった物資面だけでなく、精神的な安定という意味でもそうです。

　そして、自分が他者を必要とするのと同様に、自分もまた何らかの形で他者から必要とされています。

　こうした関係の在り方は、人間の本質に深く関わるものであり、いかなる場合であっても不要になることはありません。

　だからこそ、他者との関係性が破綻したとき、人は誰でも耐え難い不安におそわれることになります。

　第二に、他者との関係性は常に相互的です。一方的な関係というものもありますが、そうした関係であっても、自分だけでなく相手の存在がなければ成立しません。相手の存在を必要とする時点で、完全に一方向だけの関係などはあり得ません。互いに何かしらの影響を与え合っています。

　影響を与え合うのは、そこに心理的な交流が存在するからです。この交流とは、心を通わせることで、互いの情動や情緒を感じ合うことを指します。

　したがって、一方的な指示や強制、強要の類は、一応の関係性ではあっても、交流という点ではあまり望ましいとは言えません。そこには、互いに心を通わせあうという双方向の流れが発生しにくいからです。

　第三に、他者との関係の中で、結びつきを強めていくために必要になるのは、相手と情動や情緒を共有して、共感を抱くことです。

　喜びや楽しさを共にし、ときに怒りや悲しみを共有することで、相手との

心理的な距離は近づいていきます。趣味や嗜好が似ていたり、共通の課題に取り組むことで仲良くなるのは、それが情動の共有を促すからです。

　そして、こうした心の交流を経なければ、他者との関係性を深めることはできませんし、他者を理解することもできません。

　相手に対する知識や情報を得ただけでは、本当に理解したことにはなりません。知識や情報が必要になるケースもありますが、それだけで全てを理解したと考えるのは間違いです。それは頭でわかった気になっているだけのことで、本当の意味でわかるには、相手と心を通じ合わせる体験がいるのです。

　他者への理解が不十分ですと、関係性にも悪影響が出てきます。自分を理解していないと感じる人と、良好な関係を続けることは難しいものです。互いを理解し合うことで、信用や信頼が生まれ、関係性は強固になっていきます。

　人は誰でも、他者とのつながりを求めていますし、他者と分かり合いたいという欲求をもっています。それは根元的な指向性であり、人間らしさと呼べるものです。

　だからこそ、相手への共感を得られず、理解できないことは、不安や不信、不快感という形で、自身の心にも負担をかけることになります。

9.　重すぎるハンデ

　以上のことを踏まえれば、認知症患者に現れる心理症状が、社会生活を送る上でどれだけ重いハンデになるかが分かります。

　人間にとって他者との関係性は必要不可欠なものです。それは自他の相互関係によって成り立つもので、これを良好な状態で維持していくには、情動の共有による相互理解が欠かせません。

　しかし、認知症患者に現れる心理症状は、スムーズな情動の共有を阻害してしまいます。そして、これが原因となって、良好な関係の維持に支障をきたすことで、ついには関係性そのものを崩壊させてしまうのです。

　認知症の患者はそうしたくてしているわけではありません。自分をうまくコントロールすることができないので、そうならざるを得ないのです。周囲の人々も、それが病気によるものだと頭ではわかっています。

　それでも、患者の行動を、病のせいだからといって簡単に受け入れることができるわけではありません。なぜなら、心理症状というものは、しばしば周囲の人の理解を超えた形で現れるからです。

　誰でも、他者から強い情動を向けられれば、心が揺れます。それが怒りや憎悪といった負の性質をもつものであれば、なおのこと動揺します。それはどうしようもない心のメカニズムであり、意識して抑えようとしても、そう簡単にはできません。

　加えて、どうしてそんな情動を向けられるのか、はっきりとした理由もわからずに、一方的にぶつけられてはたまりません。前触れもなく突然足場が崩れるようなもので、ひどく動揺してしまいます。

　強い情動を向けられるにしても、そこに確かな理由を見つけることができれば、「それなら仕方がない」という形で、時間をかけてでも納得することはできます。たとえ納得できなくても、全くの理解不能というわけでないのなら、いくらか落ち着きを取り戻して向き合うこともできます。

　しかし、情動を向けられる理由がまるで見当たらないのであれば、心を落ち着けるための土台をつくることができません。「なぜ」、「どうして」そんな気持ちを向けられなければならないのか。自分が何をしたというのか。そんな疑問だけが積み重なり、次第に相手を思いやる余裕も失われていきます。

　そして、多くの場合、負の情動に対しては、同様に負の情動をぶつけるようになります。怒鳴られれば怒鳴り返すか、そうでなければ怯えて距離をとろうとしたりします。どちらにせよ、そうした対応は相手に否定的な印象を与えることになり、その結果、いっそう強く負の情動をぶつけてくるようになります。こうなれば、もう悪循環は止まりません。一度こうした状況に陥ってしまうと、そこから抜け出すことは容易ではありません。

　強い情動というものは、攻撃的な色彩を帯びやすいものですが、それとは逆に、こちらの働きかけに対して、無感情や無関心を示されることもあります。

　こちらのパターンでも、周囲の人に悪影響を与えるということでは何も変わりません。それまで明るく快活な人だったのが、うってかわってやる気を失い、暗く沈んでいるのを見れば、周囲の人も影響を受けずにはいられません。

　周囲への影響という点で見落としてはならないのは、「情動の作用は伝播する」ということです。

　明るい気分の人のそばにいれば、こちらも気分がよくなりますし、楽しそうに笑いかけられれば、こちらも自然と笑顔になります。

　暗い気分をかかえて落ち込んでいる人のそばにいれば、勝手に気分が落ち込んできますし、悲しみにくれている人を見れば、誰でも明るい気分ではいられません。

　相手が怒っているのを見れば、それだけでイライラした気分になりますし、怒鳴り声を上げられれば、カッとなって怒鳴り返したくなります。

　こうしたことは、人間の心がもつ普遍的なメカニズムであり、そのために誰もそれを避けることはできません。だからこそ、認知症患者が抱える不安定な精神状態は、周囲に強い悪影響を及ぼすことを避けられないのです。

　認知症患者は、日常生活や社会生活に支障をきたすようになることで、認知症と認定されます。そうなれば当然、他者からの介護や援助が必要となります。

　しかし、彼らの抱える心理症状は、他者との関係性に悪影響を与えることで、援助の手を遠ざけてしまいます。

　適切な援助が得られなければ、患者のハンデはいっそう大きいものとなりますし、状況の悪化は心理症状をより重いものとしてしまいます。そうなれば、他者との関係はますますギスギスしたものとなります。こうなると八方

ふさがりです。

　現在の理論では、心理症状は周辺症状という扱いを受けており、認知症という病の中核はどこまでも認知機能の障害にあるとされています。

　しかし、心理症状がもたらす影響力の強さや、社会生活を送る上での問題の大きさを考慮すれば、そうした見方が正しいとは言えなくなります。

　心理症状は、まぎれもなく認知症という病における中心的な症状の一つであり、二次的な症状として扱うようなものではありません。患者に何が起きているのかを正しく理解するためにも、「こころ」の問題から目を背けるべきではないのです。

10. 状況の改善に向けて

　認知症患者が陥りやすい負のスパイラルを解消するには、どうすればよいのでしょうか。

　残念ながら、ただちに状況を好転させるような、都合のよい方法はありません。心理症状が生じる直接の原因となる自我―人格機能の障害も、また、心理症状の根本的な要因である情動―感情機能の作用バランスの悪さも、いずれもすぐに解消できるようなものではないからです。

　ただし、心理症状そのものを完全になくすことはできなくても、心理症状が与える悪影響を減らすことはできます。

　自我―人格機能が障害を受けている認知症患者にとって、自分の「こころ」をうまく制御できないことは仕方のないことです。重要なのは、周囲にいる人が、そうした患者のおかれた状態を正しく理解することです。

　心理症状がどういったメカニズムで生じているのか。また、心理症状の背景には、どのような心情があるのか。これらを把握することができれば、患者に対する理解は格段に増すことができます。

　先に、相手を本当に理解するには共感が必要と述べましたが、これは逆も同じことで、何を考え、何を感じているのかが全く理解できない相手に共感

を得ることは難しいことです。知識や情報だけでは分かり合うのに十分では
ありませんが、理解を深めるための前段階として、それらを必要とするケー
スもあります。

　理解できないものや、よくわからないものに対して、人は本能的に恐れを
抱いてしまいます。誤解や無理解から一方的に悪感情を蓄積させて、患者を
敬遠することは避けなければなりません。

　認知症における心理症状は、自我―人格機能が障害されることで、患者が
もともと持っていた情動―感情機能の作用バランスの悪さが顕在化すること
で起こります。

　認知症では、認知―言語機能や感覚―運動機能の衰えが目立つので、どう
してもそれらとの関連を疑いやすくなってしまいますが、情動―感情機能の
作用バランスの悪さは、認知症によってもたらされているわけではありませ
ん。あくまでも、自分をうまくコントロールすることができなくなったため
に、本来の性質が極端な形で現れているにすぎません。ごく簡単に言えば、
これが患者の内面で起こっている現象です。

　これを知るだけで何が変わるのかと思うかもしれませんが、これだけでも
変わります。ただ漠然とおかしくなっていると捉えることと、変化の理由を
明確に理解することには大きな違いがあるからです。

　患者に起きていることを具体的に知ることで、彼らに対する対応の仕方は
大きく変わってきます。

　また、彼らの内面に何が起きたかを知ることで、共感もしやすくなります。
一見するだけでは理解の難しい行為も、それが何故起きるのかがわかれば、
混乱することはなくなりますし、時間をかけて納得することもできます。

　何より、心理状態を把握することで、状況を改善するための有効な手段を、
より具体的に検討することができるようになります。患者の内面を、見る人
それぞれが好き勝手に想像するのではなく、一定のルールに従って理解を進
めることで、効率的な対処が可能になります。共通の認識や目的意識の共有

は、何かを成すためには欠かせないものです。具体的な対処法については、第五章で説明します。

11. 認知症における症状の現れ方の違いとその実態について

　認知症では、自我—人格機能の障害によって、各機能領域の統合不全が生じ、自分自身を統制したり制御することが、うまくできなくなります。その結果として、これまで安定的に保たれてきた人柄や性格といったものが揺らぎ、精神状態は落ち着きを失い、行動も不規則なものになってしまいます。

　ただし、これは精神の全体的なバランスが崩れたことを意味するものであって、これまでに積み上げてきたものすべてが失われることを意味するわけではありません。

　人が変わってしまったと表現されるほど、人柄や性格が様変わりしてしまうといっても、本当に全くの別人格になってしまうわけではありません。患者に変化をもたらしているのは、あくまでも自己統制の弱体化と、それに伴う精神機能の全体的な不安定化であって、もともとの性質や傾向が別物と入れ替わるわけではないのです。

　自我—人格機能が障害を受けることで、それまでは効いていた抑制や統制が弱まり、自分をうまくコントロールすることができなくなります。そのために、普段は抑えていたものが表面化することになります。

　認知症では、自我—人格機能の障害だけでなく、認知—言語機能や感覚—運動機能にも障害が現れ、働きが弱まっていきますが、情動—感情機能は比較的長くその働きを維持しています。

　ただし、その作用バランスには大きな崩れが見られ、このために、抑えの効かない欲求や情緒、急激な気分の変化といったものが前面に出てくることになります。

　過去の記憶を失うことで、人柄が変わってしまうわけではありません。自我—人格機能という扇の要が弱体化することに加えて、情動—感情機能がバ

ランスを欠きつつも健在なことが、かえってマイナスに作用します。それが、結果的に人柄や性格の変化として見えるわけです。

　内面におけるアンバランスさは、外的には心理症状という形をとって現れることになります。

　周囲の人からすれば、よく見知った顔の人が、これまでに見たこともないような態度をとり、見せたことのない内情をさらけ出すことになります。何が起こったのかを理解しようにも話がかみ合いませんし、こちらの意図がうまく通じません。気難しくなり、些細なことで怒り出したり、逆に落ち込んだり、否定的な態度をとったりします。こうした言動が、周囲の人の目には、まるで別人のようになってしまったと映るわけです。

　人が変わったように感じられるのは、その人の心を定める軸が失われてしまっているためです。自分というものがうまく定まらず、揺らぎが大きいために、行動や態度が一貫しません。それが、端から見ればまるで別人になってしまったように見えるわけです。つまり、認知症患者に見られる人柄の変化の実態は、自分をうまくコントロールすることができないことにあるということです。

　そして、同時にこれは認知症患者において、病以前の性質が必ずしも失われていないことを意味しています。

　抑えが効いていないために別物のように見えるだけで、実のところ、これまでに積み上げられてきた性質は残っています。過去の記憶が失われたとしても、現在までに積み上げてきた全体的な性質は、そう簡単には失われないものです。

　具体的に言えば、その人がもつ「自己」と「他己」の関係における大まかな傾向は残されています。

　もともと「自己」への偏りが強かった人が、病を得てそれが変化するということはありませんし、もともと「他己」への偏りが強かった人が、急にその性質を変えるということもありません。その人がこれまで生きてきた中で

培ってきた心理的な傾向は変化することなく残り、ただ著しく不安定で、より極端なものとなっています。

　認知症において、認知―言語機能や感覚―運動機能の衰えが、ほとんどの患者に共通して起こるのに対して、心理症状の内容は患者ごとに大きな違いが見られるのは、ここに原因があります。

　一言に心理症状といっても、その現れ方は人によって様々です。気性が荒くなり、攻撃性が高まる場合もあれば、逆にひどく落ち込み、ふさぎ込む場合もあります。この違いは、脳の損傷箇所の違いなどによるものではなく、その人がもともと有している精神的な傾向の違いによって生じていると見るべきです。

　とはいえ、勘違いしてはならないのは、認知症患者に従来の傾向が残っているとしても、だからといって心理症状によって生じる多くの問題行動を、もともとの人柄に原因があると捉えるのは、間違いということです。

　症状の現れ方と従来の性質との間に、強い関連性があることは間違いありません。しかし、問題行動の原因は、あくまでも病によって自我―人格機能が障害されることに起因します。これを人柄の側に転嫁すべきではありません。

　患者に、病を得る以前からの精神的な傾向が残っているとはいえ、それは自我―人格機能が障害を受けることで、抑制を欠いて著しくバランスを崩した状態にあります。どのような性質であっても、上手くコントロールすることができなければ問題が生じるのは当然のことです。

　「自己」側への偏りが強い人は、それを適度に抑制して、うまくバランスをとることで自己追求的で、自身の生き甲斐を求める人として肯定的な評価を受けることができるようになります。

　「他己」側への偏りが強い人は、そこに意志の強さを加えて、双方のバランスをとることで、優れた人格者として認められます。

　しかし、「自己」の強い人が、それをうまく抑えることができなければ、

単なるエゴイストでしかなくなりますし、「他己」の豊かな人が、自分の意志をもてなければ、ただ状況に流されて、他者のいいなりになるだけの人になってしまいます。

　重要なことは、「自己」と「他己」のバランスをとることであって、どちらが良い悪いということではありません。認知症において生じる心理症状と、それに伴う諸々の問題行動は、どこまでも自我—人格機能の障害が主たる原因です。これを間違って、もともとの人柄が悪いからそうなるのだ、などと捉えてしまうと、それが態度に出てしまい、介護や看護に支障が出ることになります。こうした事態は避けなければなりません。

12.　心のバランス

　心のバランス、精神のバランスといった言葉は、一般的にもよく耳にする言葉です。しかし、それが具体的に何と何の均衡を表しているのかは、ほとんど説明されることがなく、漠然としたイメージだけで語られることが多いようです。

　ここで、心のバランスが実際には何を意味しているのかを、心理学モデルを用いて説明しておきます。

　中塚の心理学モデルでは、心のバランスには大きく分けて2つの見方があります。

　一つは、表1（p.64）における縦の構造、すなわち自我—人格機能から個人的無意識—集合的無意識までの各領域間の作用バランスです。もう一つは、表1における横の構造、すなわち「自己」と「他己」の作用バランスです。

　前者の意味でバランスがとれるということは、各領域間で突出したものがあったり、逆に著しく弱い作用があったりということがなく、全体として調和のとれた働きが行われている状態のことを指します。

　自我—人格機能には、機能領域全体の働きを統合して、バランスをとる作用がありますが、この働きにも限度はあります。

　全体の作用をまとめようとしても、それぞれの働きに大きな差が開いていれば、それだけ統合することは難しくなります。ある程度はカバーできるとしても、自我—人格機能にかかる負担が大きくなることは間違いありません。

　各機能領域の働きの差が大きいほど、自我—人格機能への負担は増大してしまい、その分だけ作業効率は落ちてしまいます。そして、許容限度を超えてしまうと、自我—人格機能はうまく機能しなくなってしまいます。過負荷をかけることで、エンジンがオーバーヒートしてしまうようなものです。

　各機能領域がまんべんなくよく働き、バランスがとれている場合、自我—人格機能は最高のパフォーマンスを発揮することができます。

　逆に、各機能領域がアンバランスな働きをしている場合、自我—人格機能のパフォーマンスはかかった負荷に応じて落ちることになります。

　このことを踏まえれば、病や事故が原因で、機能領域の働きに差ができるのは仕方がないとしても、教育や訓練の場おいて、何かに特化して鍛えることは望ましいとは言えません。

　例えば、認知—言語機能の働きがよいからといって、そればかりを鍛えてしまうと、機能全体のバランスはどんどん悪くなってしまいます。すると、自我—人格機能への負荷が大きくなり、その分だけ働きが落ちることになります。こうした場合、認知—言語機能は高いのに、実際の行動では本来の能力以下の働きしかできない、ということが起こるようになります。

　一般的には、自我—人格機能という概念がないために、それに該当する作用は認知機能の一部として扱われています。

　しかし、そうした考えに従って、認知機能だけを高めても、全体の統合性は向上しません。むしろ、機能領域間のバランスを崩してしまうことで、かえって悪い結果につながる可能性が高くなります。

　知的能力は高いはずなのに、結果が伴わない人。少しのことでつまづき、リカバリーがうまくできない人。普段はよい働きを見せるのに、何かトラブルが起こると途端に何もできなくなる人。能力自体は高いのに、うまく自分

をコントロールすることができない人。目的意識が低く、注意力や集中力に欠けており、能力以下の成果しか上げることができない人。こうした人達の存在は、自我─人格機能と認知─言語機能が、似て非なるものであることをよく示しています。

　心の働きは非常に複雑なものですから、それが一つに集約されて、うまく機能するためには、司令塔の役割を果たすものが不可欠となります。そして、司令塔が最高のパフォーマンスを発揮するには、各機能領域がバランスよく働くことが重要になります。こうした意味でのバランスは、行動の合理化や作業の効率化といった面で、特に大きな意味をもつことになります。

　次に、もう一つのバランスについて、すなわち「自己」と「他己」のバランスについてですが、これは主に人としての在り方、わかりやすく言えば、人柄や性格といったものの形成に深く関わってきます。

　自分というものを尊重し、追求しようとする傾向と、他者を尊重し、つながりを求め欲する傾向とが、どういう力関係にあるのか。どちらの働きが強くて、どちらが弱いのか。双方の調和がとれているのか、それともバラバラなのか。この２つの傾向がどういった状態にあるかによって、個人としての特徴は形作られます。

　自己追求的であるのか。それとも他者尊重的であるのか。この２つの傾向の在り方が、その人の基本的な性質を作り出すことになり、当然、それは行動全般に現れることになります。

　その人が何を目指して、何を求めるのか。何を好ましいと感じて、何を避けようとするのか。困ったときに、何を頼りにするか。どういった手段で問題を解決しようとするのか。闘争的か、協調的か。何を信じて、何を信じないのか。

　２つの傾向はともに人間にとって不可欠でありながら、真逆の性質をもちます。それだけに、両者のバランスをとることは、とても難しいのです。この困難さが、多種多様な個性が生まれる要因にもなるわけですが、あまりに

もバランスの崩れが目立つようですと、個性という言葉で容認できる限度を超えてしまいます。

「自己」と「他己」は、どちらも必要なものであるからこそ、大切なのは、一方を集中的に高めることではなく、両者のバランスをとることになります。難しいからこそ、バランスをとることには大きな価値がありますし、ともに高いレベルを維持することは人間的に見て素晴らしい状態にあるということができます。

一般的に、「バランスのとれた人」と表現されるのは、この「自己」と「他己」のバランスがよい人のことを指します。自分というものを高め、追求しながらも、周囲への配慮を忘れることなく、他者への敬意を忘れない。周りへの気配りを欠かさないだけでなく、自分の意志もはっきりと持っており、またそれを実行に移すことができる。万人から優れた人柄として認められて、人格者とよばれるのは、そうした自・他のバランス感覚に優れた人です。

そして、「自己」と「他己」がバランスよく働いている人は、精神的に非常に安定しており、簡単に激したり、落ち込んだりすることがありません。それは、自分というものを支える柱が２つあるからです。

誰でも片足だけで立ち続けることは難しいものです。フラフラと安定せず、少しのことで姿勢が崩れてしまいます。これに対して、２本の足を使えば、しっかりと体勢を整えて、安定した状態を保つことができます。心の安定も、これとよく似ています。どちらか一方の傾向をどれだけ強化しても、それで精神的な不安定さや不安が解消されることはありません。

「自己」の側に傾倒した人であれば、自己追求や自己実現がうまくいっているときは、ある程度安定した状態を保つことができます。

しかし、誰もが経験的に知っているように、いつでも自分にとって都合のよいことが起こるわけではありませんし、いつまでも好調を維持し続けることもできません。いざ自己追求に限界が見えたとき、「自己」しか支えがない人は深い絶望を感じて、心の安定を失ってしまいます。

　また、「他己」の側に傾倒した人であれば、家族や友人など、互いに心を通わせ合うことができる人を得て、その人を精神的な支えとしているときに、安定した状態を保つことができます。そのこと自体は、とても人間的で好ましいことです。

　しかし、人間というものは常に揺れ動き、変化する存在です。どれだけ強い信頼関係で結ばれていたとしても、状況によっては心変わりが起きることもあります。

　また、幸運にも心変わりを起こさない人と巡り会うことができたとしても、仕事の都合や家庭の事情、あるいは事故や病気などの理由から、別れなければならないこともあります。そうなったとき、「他己」しか支えがない人は、自分が定位するものを失うことで、非常に不安定な状態に陥ってしまいます。

　不安や焦燥をごまかすためには、何かしら支えの代替物が必要になります。最も簡単な手段は、欲求を満足させることで一時の充足を得ることです。

　食欲や性欲を満たすことであったり、金銭を貯めることであったり、地位や名誉を得ることであったり、あるいは酒や薬物を飲むことであったりと色々選択肢はあります。ただし、これらは自分を支える軸足の替わりでしかなく、しかも元の支えよりもずっと頼りにならず、すぐに失われてしまうようなものでしかありません。

　人間が安定した精神状態を保つためには、「自己」と「他己」のバランスをとることが必要となります。各機能領域のバランスが、主に行動や作業の合理化や効率化と関わるものであるのに対して、「自己」と「他己」のバランスは、その人の全般的な行動傾向や性質、生き方そのものに強く関わってきます。どちらがより重要かといえば、後者のほうです。

13. バランスの違いによる症状の変化

　認知症では、自我─人格機能に障害を受けることで、統合性や目的性、一貫性が損なわれてしまい、自分というものをうまくコントロールすることが

できなくなります。その結果として、行動や言動に大きなブレが生じることになり、欲求や情緒も抑えが効かなくなります。

また、認知症では認知─言語機能や感覚─運動機能などにも機能低下が起こるために、機能領域間のバランスが大きく崩れてしまい、それだけ自我─人格機能にかかる負荷が大きくなってしまいます。障害を受けて機能が弱体化しているところに、大きな負荷がかかるわけですから、よい結果になるわけがありません。

実際にどの程度の問題が生じるかは、自我─人格機能の働きがどれだけ弱まるかによって決まります。

これには、受けた障害の規模だけが関係するのではなく、障害を受ける以前の状態、つまりその人がもともと持っていた自我─人格機能の作用レベルや、機能領域間のバランスがどういった状態であったかも関係してきます。

各機能領域がバランスよく働いており、自我─人格機能も高いレベルで作用していた人であれば、障害を受けたとしてもその影響をかなりの程度抑えることができます。

もともとバランスがとれているので、それが多少揺らいだくらいでは、行動が破綻するような事態には陥りません。100あったものが70に減ったとしても、一定の水準を維持できるのであれば不都合はないというわけです。認知機能などの低下に伴って、仕事や作業を以前のようにこなせなくなるということはあるとしても、極端な行動のブレや情動の暴走といったことは起こりにくくなります。

これに対して、もともと各機能領域のバランスが悪く、自我─人格機能の作用もあまり高いレベルではなかった人の場合は、障害を受けることによるデメリットをまともにかぶることになります。

各機能領域のバランスが悪くとも、それを自我─人格機能の作用で補うことができていれば行動に支障は出ません。しかし、自我─人格機能が障害を受けて弱体化してしまうと、それまで表に出ていなかった潜在的な問題が顕

在化してきます。

　精神的な不安定さや、行動の不規則さ、注意力や集中力の欠如、情緒的な抑制の弱さなどが目立つようになり、様々なトラブルを起こしやすくなります。100が70に減ることに比べて、50であったものが20まで減るのでは深刻さがまるで違います。同じ程度の障害を受けたとしても、実際の症状には大きな違いが出ることになります。

　こうした見方に従えば、認知症という病がどれだけ脅威になるかは、実のところ、病にかかる以前の状態が、かなり大きな意味をもつことになります。

　そして、これはもう一つのバランス、「自己」と「他己」のバランスについても同様です。というよりは、こちらのバランスがどういった状態にあるかが、症状の現れ方に直接的に関係してきます。

　自分というものを制御するための機能である自我─人格機能が弱体化したときに、どういった行動をとるようになるのかは、その人の「自己」と「他己」がどのような力関係にあるかで決まります。

　「自己」の働きが強いタイプであれば、もともとの自己追求的な傾向の強さが制御を失うことで、非常にエゴイスティックな性質を示すようになります。

　自分の欲求に忠実に従うようになり、周囲にかける迷惑や負担を考慮せずに、常に自分の意志を優先させようとします。自分勝手な振る舞いや、身勝手な行動が目立ち、他者からの非難にも耳を貸さなくなります。攻撃性が高くなり、思い通りにならないと暴言や暴力をふるうこともあります。「自己」が強く「他己」が弱い人ほど、こうした傾向は顕著に現れることになります。

　一方、「他己」の働きが強いタイプであれば、他者指向的な性質が制御を失うことで、他者への定位や依存の度合いが増えるようになります。

　一人になることを極端に嫌がって、家族や親しい人について回ったりするようになったり、些細なことでも不安になり、すぐに他者を頼ろうとしたりします。自分で何かしようという気持ちが萎えて、何もする気が起きず、長

い時間ぼんやりしていたり、落ち込んだりすることもあります。「他己」が強く「自己」が弱い人ほど、こうした傾向は顕著に現れます。

　注意しなければならないのは、こうした自・他の傾向の差違から生じる症状の違いは、その人が持つ隠しようのない本性の部分から生まれるという点です。

　自我─人格機能が高いレベルで働いている人は、自分をうまくコントロールすることで、行動における自・他の偏りを補正することができます。

　「自己」が強く自己本位的な人であっても、他者との関係が自分の利益になるのであれば、他者とのつながりを重視して、大事にすることもあります。そうした人は、内的な動機が見えない周りの人からすれば、他者への配慮に長けた、「他己」が豊かな人のように見えることがあります。

　しかし、自我─人格機能が障害を受けて、自分をコントロールする力が弱まると、本来の傾向が表に出るようになります。このために、それまで抱いていたイメージとはかけ離れた行動が現れることもあります。こうしたケースでは、表面的な態度の違いに惑わされることなく、患者の本質的な傾向と向き合っていく必要があります。

　「自己」が強い場合でも、「他己」が強い場合でも、自我─人格機能が弱まれば、様々な問題が生じることになります。とはいえ、「自己」が強いタイプと比べれば、「他己」が強いタイプが起こす問題は、まだ周囲への影響度は低いと言えます。

　むき出しの自己中心性ほど、人間関係に亀裂を入れるものはありません。他者からエゴの主張をぶつけられてよい気分になる人はいませんし、不快な思いを我慢して冷静な対応をとるには、強い忍耐力が必要になります。

　実際のところ、認知症の介護や看護の現場では、患者のエゴイスティックな振る舞いに悩まされている人が大勢います。ただ、これはその患者個人に問題があるというよりは、社会全体の傾向に問題の本質があると見るべきです。

　もし、社会全体の傾向が「他己」の優位な状態にあり、「他己」の豊かな人が社会の大半を占めるようであれば、認知症は現在ほどの大きな問題となることはなかったのではないでしょうか。

　そもそも、認知症は近年になって突然発生した病ではありません。「認知症」という名称がつけられるずっと以前からあった病です。それが、近年になって大きな社会問題にまでなったのは、患者の数が増えたことだけが理由ではありません。介護や看護にかかる負担が非常に大きいことが、認知症を看過できない問題へと押し上げています。

　そして、介護や看護の際に大きな負担となるのは、統制が効かなくなることで現れる、患者のむき出しの自己中心性であることが多いのです。これは「自己」が強いタイプに現れる症状であり、「他己」の働きが豊かな人には現れにくいものです。

　このことを踏まえれば、認知症が社会問題となることの背景には、現代社会の価値観や評価基準が、全体的に「自己」の側に偏っていることと、深いつながりがあると見ることもできます。

　最後に、「自己」と「他己」のバランスがとれたタイプについても説明しておきます。このタイプは、自分というものを支える柱が２つあるために、精神的な安定度が非常に高くなります。そのために、自我―人格機能が多少障害を受けても、受ける影響を最小限に止めることができます。

　もともと精神的なバランスが悪い人が、自分をコントロールする力が弱まれば、大きな影響が出ることは避けられません。グラグラとして不安定な状態であるところに、ハンドルまで手放すわけですから、どうしても姿勢を崩してしまいます。姿勢を戻そうにも、バランスが悪いので、それもうまくいきません。精神状態は不安定なままで、行動は不規則になり、多くのトラブルを抱えてしまうことになります。

　これに対して、精神的なバランスがとれており、普段から自分というものを安定的に保つことができている人であれば、自分をコントロールする力が

弱まっても、その影響をかなりの程度抑えることができます。状態が安定していれば、ハンドルから手を離しても姿勢を大きく崩したりはしないものです。リカバリーも容易にできますし、大きなトラブルに発展することも少なくなります。

　「自己」と「他己」は車の両輪のようなもので、人間が安定した状態を維持するためには、どちらの働きも欠かすことはできません。そして、人間というものの本質に、矛盾と運動が存在する以上、安定を得ることは何よりも大きな強みとなります。「自己」と「他己」という２つの傾向をバランスよく保持することは、人間という根本的に不安定な存在が、安定へと向かうために不可欠なことなのです。

　これを実現することができれば、認知症という病がもたらす悪影響を打ち消し、脅威を取り除くことも不可能ではありません。また、認知症の予防という点でも、大きな効果を発揮することでしょう。この詳細については、第四章で解説します。

第四章　認知症の予防

　認知症を引き起こす疾患は数多くあり、その全てに有効な予防法が確立されているわけではありません。というより、認知症の原因の中で大きな割合を占める代表的な疾患（アルツハイマー病など）についてさえ、発症のメカニズムは明らかにされていないというのが実情です。

　こうした状況を反映してのことでしょうか。一般的に認知症の予防として挙げられるものは、それぞれの疾患に対応した対処法ではなく、普遍的な健康法といった性質のものが多いようです。

　たとえば、食べる物や飲む物に十分に気を配り、栄養バランスのとれた食生活を心がけること。早寝早起きを心がけ、規則正しい生活を送ること。適度な運動をして、また脳を活性化させるために知的な活動も行うこと、などがそうです。

　こうしたことが、認知症を予防する上で効果があるかといえば、確かにあると言えます。

　ただし、それは認知症という病に対する予防というよりは、生活環境の改善によって身体の健康を維持することを目的としており、病全般に対する予防策を述べているにすぎません。実際に効果があるとしても、そうしたものを「認知症の予防」という形で取り上げることは、適切とは言えないでしょう。

　認知症の予防と称するのであれば、やはり認知症という病がもつ性質や特徴をふまえて、それに応じた対処法を述べる必要があります。身体面における健康を維持することは、病の予防として当然のことであり、そこに認知症という病に応じたプラスアルファを加えることが求められます。

第一節　自己コントロール力の維持

　それでは、認知症の特徴に応じた予防法とは、具体的にはどういったもの
でしょうか。

　第三章において、認知症が患者の心理面にどういった影響を与えているの
かを見てきましたが、この病が患者の心の働きと密接なつながりをもつこと
は明らかです。身体に受ける疾患が何であれ、認知症を認知症たらしめるも
のは、患者の内面に起こる変化であることに変わりはありません。この変化
をくい止めることが、認知症を予防することの本質となります。

　そのためには、認知症の原因疾患とされる諸々の身体的異常にだけ目を向
けるのではなく、患者の内面に起こる変化に対して、より大きな注意を向け
る必要があります。

　そして、その変化がどういう性質をもっているのか、つまり、患者の心の
どういった部分を障害しているのかを正確に把握することができれば、効果
的な対抗策を講じることも可能となります。

　認知症という病が、患者の心理面に多大な影響をもたらすものである以上、
これを予防する上で、心理面からのアプローチを避けるわけにはいきません。
身体の健康を維持することで、身体的な疾患を避けることができるように、
心理面を良好な状態に保つことで、心理的な悪影響に対する抵抗力を高める
ことは可能だからです。

　さらに、認知症が患者の心にどういった影響を与えているかを把握できれ
ば、より具体的な形で、認知症への対抗策を確立することができるようにな
ります。こうした試みこそが、認知症予防の心理的アプローチということに
なります。

　現状では、認知症は「認知機能」に障害を受ける病とされています。この
ために、認知症の予防に関する心理的アプローチとしては、記憶力や計算力

を鍛えるといった知的トレーニングを行うことで、認知機能の働きを維持することに重点が置かれています。

　認知症が、本当に認知機能だけが障害を受ける病であるのなら、その方法は正しいと言えます。知的トレーニングを繰り返し行うことで、認知機能の働きを維持したり、衰えるスピードを遅らせたりすることは可能だからです。

　しかし、これまで見てきたように、認知症は決して認知機能だけが障害を受ける病ではありません。

　認知症では、認知機能が低下することに加えて、自分というものをコントロールする力が急速に失われていきます。この結果、行動から目的性や統合性、一貫性が失われてしまうことで、認知機能の衰えだけでは説明することができない、多くの症状が現れることになります。

　認知機能の低下は非常に目立つ形で現れるので、どうしてもそこに目を奪われがちになりますが、認知症という病で最も重要なのは、認知機能低下の裏で起こっている自己コントロールの低下のほうです。

　したがって、認知症の予防に関する心理的アプローチについても、いかにして自己コントロールの力を維持するかという点に主眼をおくことになります。

1.　自我―人格機能の機械論的側面

　それでは、自己コントロールの力を維持するためには、どういったことが必要になるのでしょうか。

　中塚の心理学モデル（中塚, 1993c）。において、５つに分けられる精神機能領域（表1・図1, p.64）の中で、自分をコントロールする上で必要になるのは、主に自我―人格機能の働きです。この機能がよく働いている状態を維持することで、自己コントロールの力を高い水準に保つことができるようになります。

　自我―人格機能の働きには、大きく分けて二つの側面があります。一つは、認知―言語機能との関連性が高い「機械論的側面」です。

　機械論的側面は、何らかの目的や目標を実現しようとした際に、その過程をうまく進めるための「手段」としての役割をもちます。主な働きとしては、行動の効率化や合理化に関係しています。

　何か目的をもって行動する際に、漫然と動いても望み通りの結果は得られません。よい結果を得るためには、自身の行動をよく制御して、適切な手順を踏む必要があります。行動の手順や順序を整えて、段取りに沿って計画的に動くことで、効率よく目的を達成することができるようになります。

　また、行動の結果が出た際には、それを評価して、次回の行動にフィードバックすることで、作業をより効率的なものとしたり、よりよい結果を得ることができるようになります。こうした一連の流れを制御して、行動の合理化を図ることが、自我―人格機能の機械論的側面の働きです。

　一般的な考え方では、こうした働きは認知機能の一部として扱われることが多いようです。実際に、自我―人格機能の中でも、この側面は認知機能との関連性が高く、認知機能が高い水準で働いているような場合、自我―人格機能の機械論的側面もそれに引っ張られるような形で、よく機能しているケースが多く見られます。

　とはいえ、この２つを同一視してしまうことには問題があります。自我―人格機能の機械論的側面は、認知機能の働きと連動するとはいえ、両者はまったく同じように働くわけではないからです。

　記憶力が高く、演算能力に優れ、言語能力も高いといった人が、みんな計画性が高く、合理的に動くことを得意としているかといえば、そんなことはありません。知的能力自体は高いのに、それをうまく活かせずに、非効率的な行動を繰り返してしまうといったタイプの人は少なからずいます。

　また逆に、知的能力という点では特別優れているということはないものの、行動の順序立てや効率化がうまく、結果的に高い成果を上げることが多いという人もいます。

　自我―人格機能と認知―言語機能は、機械論的側面において関連性が高い

とはいえ、両者は同一のものではありませんし、同一視すべきでもありません。この２つを混同してしまうと、認知機能を高めればすべてうまくいくかのように錯覚してしまいます。

　それが間違いであることは、何より認知症の患者が増え続けていることが証明しています。単純に、認知能力の高さで認知症を回避できるのであれば、教育制度が確立され、多くの知的刺激に囲まれた現代において、患者数が増加することはおかしいからです。

　認知症は、どこまでも自我―人格機能を障害する病です。したがって、これを予防するには、認知―言語機能を高めるのではなく（これも全くの無意味というわけではありませんが）、自我―人格機能をこそ高めなければならないのです。

　それでは、自我―人格機能の働きを高め、維持していくためには何が必要なのでしょうか。

　自我―人格機能の主な働きは、目的性、統合性、一貫性の保持です。簡単に言えば、この力を維持することが、認知症を予防する上で重要な意味をもつことになります。

　そして、認知―言語機能がトレーニングによって高めることができるように、自我―人格機能の機械論的側面をトレーニングによって高めることは可能です。

　このとき重要となるのは、単純な知的能力の向上を図ることではなく、自分の持っている能力をうまく制御して、使いこなす力を養うことに重点を置くことです。

　能力や技能を高めるのではなく、特定の目的に沿って、自身の行動をよく統合し、一貫性をもって動くことができるようにすることが重要になります。こうした力を意図的に鍛えることで、自我―人格機能の働きを高めることができます。

　認知症では、認知機能も低下してしまうので、これをできるだけ遅らせる

ことも必要になります。したがって、自我―人格機能の機械論的側面をトレーニングする上では、認知機能のトレーニングと併せて行うことが効果的と言えます。

　具体的には、一般的な知的トレーニングを実施する際に、そこに目的性や統合性、一貫性の保持を必要とする工程をいれることで、自我―人格機能を効率よく鍛えることができます。

　たとえば、記憶力についてならば、ただ漠然と多くのことを憶えようとするのではなく、一定の制限時間を設けて、その時間内にどれだけ憶えることができるかといったように、活動に具体的な達成目標を設けるようにします。

　読み書き計算についても同様に、だらだらと時間をかけて行うのではなく、明確に時間を区切り、決められた制限時間内にできるだけ多くの作業をこなすといった形式をとるようにします。

　制約や制限がなければ、どうしても緊張感が薄れてしまいますし、ただ多くのことを憶えたり、読み書きするといったようなほんやりとした目標では、集中力も続きません。

　易しすぎず、難しすぎず、簡単すぎず、複雑すぎない。そうした、自分の力に合わせた適度な難易度の課題を設けて、それを達成するために、注意や意識を集中し、それをある程度の時間持続することが、自我―人格機能を鍛える上ではとても有効になります。何かに集中するということは、自分というものを統合していることに他ならないからです。

　注意や意識を何かに集中させて、それを継続するという行為は、かなり労力がかかり、強い精神的緊張や疲労を感じるものです。それは決して悪いものではなく、緊張や疲労を感じる分だけ、自我―人格機能をよく働かせているということでもあります。

　精神的な緊張や疲労といったものは、マイナスのイメージをもたれることが多く、できるならそれを避けたいと感じるのが普通です。

　しかし、自我―人格機能を鍛えるという観点からは、そうしたものを否定

するだけでなく、積極的に受け入れていく必要があります。

　気を抜いているときやぼんやりしているとき、あるいは、くつろいでいるときや楽にしているときには、精神的な緊張や疲労を感じることはありません。そうした、いわゆるリラックスした状態にあるとき、自我─人格機能はほとんど働いていません。

　精神の緊張をゆるめることは、実のところ、自我─人格機能を休めることに等しいのです。リラックスすることは、緊張とは逆にプラスのイメージをもたれることが多いのですが、そうした状態が長く続くことは決してよいことではありません。

　持続的な緊張が心理的なストレスを生むように、長い期間リラックスした状態でいることは、心理的な緩みを生むことになります。健全な精神状態を保つためには、張りつめすぎるのもよくないし、緩めすぎるのもよくないことなのです。大切なのは、緊張と弛緩のバランスをとることです。このバランスが崩れてしまうと、精神状態に悪影響が出ることになります。

　何らかの仕事に就いていれば、否応なしに緊張感のある状態におかれることになります。どのような種類の仕事でも、業務上の目標があり、これをうまく達成するには作業に意識を集中させて、注意を持続させる必要があるからです。

　そうした状態にあるとき、自我─人格機能は活性化して、高い水準で働いています。つまり、何かの労働に従事しているような場合には、特別に意識しなくても、自然と自我─人格機能は用いられ、鍛えられているということになります。

　ところが、定年などを迎えて仕事を辞めると、何かに真剣に取り組むといった機会が、どうしても減少してしまいます。仕事の緊張感や圧迫感から解放されて、時間的にも余裕ができることで、家にこもってテレビや新聞などを見てのんびり過ごしたり、何に急かされることもなく、ゆったりとした毎日を過ごすことが多くなります。それは平穏な暮らしといえますが、同時

に精神的な張りをなくした生活でもあります。

　こうした生活をずっと続けていると、自我―人格機能はほとんど働かないままになってしまいます。認知―言語機能や感覚―運動機能といったものを使わないでいると、徐々に働きが鈍り、機能が低下してしまうように、自我―人格機能もある程度の頻度で働かせていないと機能が低下してしまいます。

　そして、自我―人格機能の働きが低下してしまうと、自分をコントロールする力が弱まり、そのぶんだけ認知症に対する抵抗力が失われてしまうことになります。

　認知症患者の大半が高齢者であるのは、加齢からくる、脳をはじめとした身体機能の衰えだけが原因ではありません。

　仕事や育児から解放された後、その代わりとなる目標が見出せないような場合、どうしても気持ちが緩み、だらだらとした緊張感のない生活を送りがちになります。そうした生活を続けることで、自我―人格機能の働きが低下してしまい、それが結果として認知症を発症しやすい状態を生み出していると考えられます。

　逆に言えば、高齢者であっても、日常生活の中で、自分なりの具体的な目標をもち、その実現を目指して、適度に緊張感を保った生活を送っているようなケースでは、自我―人格機能の働きは高い水準で保たれることになります。この場合には、認知症を発症しにくい状態を生み出していると考えられます。

　このように、認知症の予防では、自我―人格機能の働きを維持することが重要な意味をもちます。自我―人格機能を使わざるを得ない状況に置かれているときには、特別なことをする必要はありませんが、自我―人格機能をあまり使う機会がないような状況にある場合には、意識的に用いる必要が出てきます。

　繰り返しになりますが、自我―人格機能の働きの中で、機械論的側面については トレーニングである程度鍛えることができます。トレーニングする際

には、目的性、統合性、一貫性を保持することが肝要となります。

　具体的な目的や作業の制限時間を設定して、適度な緊張感の中で作業に集中することで、各機能領域の統合を図ります。また、行動が途中でブレたりしないように注意を持続することで、一貫性を保つようにします。

　これらの条件を満たしていれば、実際に何をやるかは、各人の得手不得手や好みに合わせて、ある程度自由に決めてかまいません。トレーニングが終わったときに、適度に精神的な疲労を感じるようであれば、それが自我―人格機能を働かせたことの証となります。

　トレーニングに際して、明確な目的意識を持たずに、だらだらとしても効果は薄いので、他の人と共同で行うなど、集中せざるを得ないような環境をうまく整えることが大切と言えます。

　また、認知機能や運動機能のトレーニングであれば、同じ事を反復して行うことが基本となりますが、自我―人格機能の場合は、同じ事を繰り返して慣れが進むと、そのぶんだけ自我―人格機能をあまり使わなくなってしまうので注意が必要となります。

　単純な作業でも慣れない内は、集中して行わないとうまくできないものですが、慣れてくるとほとんど意識を向けなくてもできるようになったりします。これは、作業に慣れるにつれて、動作の効率化が行われることで、自我―人格機能をあまり働かさなくてもよくなった状態を示しています。

　作業の効率化や最適化が行われること自体は、自我―人格機能がうまく働いた証といえるのですが、効率化が終わった作業を続けても、自我―人格機能のトレーニングにはならないので、この点は注意が必要です。

　例えば、音読や計算を繰り返し行うような場合には、作業に慣れてくると同じ量の課題でも、少ない労力でより速く終わらせることができるようになってきます。こうした場合には、どれだけ速く終わらせることができるかにチャレンジしたり、決められた時間内にどれだけ多くの課題をこなせるかといったような、新しい目標を設定することで、緊張感をうまく持続するこ

とができます。

　行う作業が単純か複雑かはそれほど問題ではなく、その作業を行う上で、意識や注意を集中することが求められるかどうかがポイントとなります。単純なことの繰り返しでも、作業の最中や、作業を終えたときに精神的な疲労を感じるようであれば、自我─人格機能はしっかりと働いていると見て間違いありません。

　どのような種類のトレーニングでも、一時期に集中的に行うよりも、少ない時間でもよいので毎日欠かさず続けるほうが、長い目で見ればよい成果を得られることが多いものです。これは、自我─人格機能のトレーニングについても同じ事が言えます。

　特に、自我─人格機能のトレーニングでは、精神的疲労を感じることが避けられないので、どうしても怠け心を起こしやすくなります。多くの課題をこなすことで嫌気がさして、長々と休んだり、すぐに止めてしまうようでは本末転倒なので、適度に調整しながら続けることが大事になります。トレーニングの効果自体もすぐに出るようなものではないので、根気よく続けることが求められます。

　また、トレーニングとは別に、日々の習慣ということで言えば、慣れ親しんだ事を繰り返すことよりも、色々なことに興味を持ち、新しいことに挑戦することを好むような人であれば、自我─人格機能がよく働いていることが多いと言えます。これは、新しいことを始める際には、精神的な緊張や集中が必要となるために、自然と自我─人格機能が鍛えられているためです。

　たとえ同じ事を繰り返すような日常の中にあっても、その中で何らかの明確な目的を見出して、真摯に取り組むようなものを持っている人であれば、自我─人格機能を十分に使っています。

　このどちらにも当てはまらず、何の刺激も緊張感もなく、無目的的な時間をだらだらと過ごしているような場合は、自分では気づかない内に、自我─人格機能の働きが低下している恐れがあります。そして、こうした状態が続

くことは、認知症を発症するリスクを高めることになります。この場合には、意識的に自我―人格機能のトレーニングに取り組む必要が出てきます。

2.　自我―人格機能の目的論的側面

　自我―人格機能には、認知機能との関連性が高い機械論的側面の他に、もう一つ重要な要素があります。それが、情動―感情機能との関連性が高い「目的論的側面」です。

　機械論的側面が、行動や動作の効率化といったような、目的を実現する上での「手段」としての役割をもつのに対して、目的論的側面は、自分が何を目指し、どういった方向性に沿って生きるのかといったことや、目的を実現しようとする意志を持ち続けるといったような、「目的」そのものと深く結びついています。

　自分が望むことを実現するためには、行動をより効率的に行うことも必要になります。しかし、効率化が本当に価値をもつためには、まずは自分が何を目指すかという目的意識をしっかりともち、行動の方針を定めることが大事になります。

　自我―人格機能の機械論的側面を高めることで、目的を達成するための手順を明確化して、そこに至るまでの筋道を整理することはできます。

　しかし、機械論的側面は、自分が何を目指すかといったような、目的の設定プロセスには関与していません。あくまでも、目的を実現するための手段として働くだけです。

　その人が何を目指し、どういった方向性に沿って生きるかを決めるのは、自我―人格機能の目的論的側面です。手段の効率化と目的の設定のどちらがより重要かと言えば、やはり後者ということになります。そして、この側面に強い影響を及ぼすのが、情動―感情機能の働きです。

　情動―感情機能は、人間の「こころ」の働きを司っています。何かを強く求めようとする欲求や、喜怒哀楽などの情緒、一定の期間持続する不快や憂

鬱、快活といった気分、そして他者の心を感じて、同調したり共鳴したりするこころの働き。そうした様々な「こころ」の作用が、その人が一人の人間として、どういった在り方を示すかの基礎を形作ることになります。

その人が何を欲しがり、何を求めようとするのか。どういったことに興味を持ち、関心を抱くのか。何に対して喜びや楽しさを感じるのか。また、何に対して怒り、悲しむのか。どういったことを快いと感じて、何を不快と感じるのか。何を近づけて、何を遠ざけようとするか。何を好ましいと感じて、何を疎ましく感じるのか。他者との関わりをどの程度求め、どういった関係をもつことを望むのか。他者への関心を強くもっているのか、それとも薄くしかもたないのか。他者とのつながりに安心を見出すのか。それとも邪魔なものとして感じるか。

こうした様々な「こころ」の働きが、その人がもつ全般的な性質や行動傾向の基礎を形成しています。より総合的に、人柄や性格といった形で精神機能全体を一つにまとめるのは、自我―人格機能の働きですが、人柄の基礎を形作るのは、情動―感情機能の働きです。それだけに、この機能領域がどういった働きをするかが、その人がもつ性質そのものを大きく左右することになります。

情動―感情機能のうち、情動側の働きが強い人であれば、自分に関する欲求や情緒を満足させることに、より大きな喜びや満足感を感じますし、感情側の働きが強い人であれば、他者との親密なつながりを得ることや心を通わせ合うことに、より大きな安心や幸福感を感じます。

そうした「こころ」の傾向が、その人がどういった行動をとるかの大枠を決めることになります。

もちろん、実際に行動を決定する際には「こころ」の働きだけでなく、「あたま」や「からだ」の働きも関係してきます。それら全てが、自我―人格機能の働きによってまとめられ、最終的な行動を決定することになります。

ただし、その中でもやはり「こころ」の働きは、行動決定のプロセスにお

いて、他の機能よりも遙かに強い影響力をもっています。

　人間は「あたま」で考えて行動する存在ではないかと考える人がいるかもしれませんが、認知―言語機能の働きは、何がしたいかではなく、したいことをどうやって実行するかを決めるときに用いられます。

　できるか、できないかの判断で行動が変化することはありますが、それが行動の直接的な動機となることはありません。認知―言語機能の働きは、どこまでも「手段」としての側面が強いと言えます。

　また、情動―感情機能の働きは、実際に活動を起こして、これを継続するためのエネルギー源にもなっています。

　自分がしなければいけないことや、やるべきことがあると「あたま」では理解していても、行動する気が起きないということがあります。こうしたことは、情動―感情機能の働きが不安定になっているときに起きやすくなります。

　何か不安を抱えているときや、イライラしているとき、気分が落ち込んでいるときなど、しなければならないと分かっていても、やる気を失ってしまい、行動に移せないといったことが起こります。

　何をやるべきかを判断する際には「あたま」の働きも関係してきますが、行動する際のエネルギーとなるのは「こころ」の働きです。何かを求めようとする強い欲求は、行動の動機になると同時に、行動を継続するための力にもなるのです。

　このように、情動―感情機能の働きは、その人の行動傾向に強い影響を与え、同時に行動を支えるエネルギー源にもなります。精神機能領域の中でも、特に重要な意味をもつ領域と言えるでしょう。

　自我―人格機能の目的論的側面は、情動―感情機能と強いつながりをもち、この側面がどういった働き方をするかが、その人がどういった生き方をするかに大きな影響を及ぼすことになります。

3. 情動─感情機能との関連性について

　認知症を予防するためには、自我─人格機能の働きを高めることが効果的です。そのためには、先の機械論的側面と同様に、目的論的側面についても、それが高い水準で働いている状態を維持することが重要となります。

　ただし、機械論的側面がトレーニングで鍛えることができるものであったのに対して、目的論的側面をトレーニングで鍛えるといったことはできません。これは、関連する機能領域の性質の違いからきています。

　機械論的側面との関連性が高い認知─言語機能は、反復練習など適切な訓練を行うことで、その働きを向上させることができます。基本的には、この機能を使う頻度が多いほど働きはよくなり、逆に使わないでいると衰えてきます。これは感覚─運動機能にも同じ事が言えます。

　機能の働きが向上した分だけ、能力は高まり、できることが増えていきます。人は生まれてすぐの時期には、自力ではほとんど何もすることはできませんが、成長して力が増せば、多くのことがこなせるようになります。認知─言語機能は、後天的に高めることができるものであり、この領域との関連性が高い、自我─人格機能の機械論的側面についても、ある程度同じ事が言えます。

　これに対して、情動─感情機能には能力的な意味での向上というものがありません。情動や感情といったものは、生まれた後に獲得したり、成長に従って発達していくといった種類のものではないからです。

　人は誰でも、生まれながらに「こころ」をもっています。欲求も、情緒も、気分も、そして「他者の心を感じるこころ」も、すべてをもって生まれてきます。

　成長に従って発達するのは、そうした「こころ」の働きを表現して、伝達するための手段（認知─言語機能や感覚─運動機能）や、あるいは「こころ」の働きを制御したり、抑制する働き（自我─人格機能）であって、情動─感情機能の働き自体が増えたり、高まったりするというわけではありません。

　この点を混同してしまうと、情動─感情機能の働きを、練習によって身に

つけるスキルのようなものとして捉えることになってしまいます。人がもつ「こころ」は、そうした性質のものではないので、注意が必要です。

　情動―感情機能の基本的な働きは、生まれたときから死ぬときまで変わりません。欲求や情緒といった情動も、また「他者の心を感じるこころ」も、後天的に身につけるようなものではないのです。

　ただし、これは情動―感情機能の状態が全く変化せずに、固定化していることを意味するものではありません。むしろ、それは一時も止まることなく、揺れ動いています。

　人間がもつ「自己」と「他己」という２つの傾向は、互いに影響を与え合い、どちらかが強くなったり弱くなったりしながら、運動し続けています。この「自己」と「他己」の運動は、精神の各機能領域に反映されて、その働きに影響を与えています。

　情動―感情機能の働きも、この２つの傾向の関係を反映する形で、情動機能と感情機能の働きはどちらかが強くなったり、弱くなったりしながら、絶えず揺れ動いています。

　情動機能の働きが強くなれば、対になる感情機能の働きは相対的に弱くなりますし、逆に感情機能の働きが強くなれば、情動機能の働きは相対的に弱まることになります。そうして生まれた偏りが、一時的なものではなく長期に渡って持続するようになると、その人の「こころ」の性質が形作られることになります。

　情動側の働きが強い人であれば、活発、快活、明るい、陽気、強気、はつらつといったような気質が形成され、エネルギッシュで活動的な性質をもちやすくなります。

　自分の欲求や情緒に従って積極的に行動するようになり、またそうした振る舞いを好むようになります。その一方で、他者への配慮には欠けるところがあり、他者のために自分を抑えるよりも、自分の都合や好みを通すことを優先しがちになります。

　感情側の働きが強い人であれば、穏やか、大人しい、物静か、温厚、おっとりといったような気質が形成され、控えめで柔和な性質をもちやすくなります。

　他者の心情や事情によく配慮して、他者との関係が良好な状態にあることに喜びや安心を感じるようになり、協調的な振る舞いを好むようになります。その一方で、自分を主張することは不得手で、自分の欲求や情緒を抑えようとする向きが強くなります。

　一見して複雑に見える人柄や性格も、そのベースとなっているのは、こうした情動―感情機能の働きです。この点を踏まえれば、この機能領域の働きにはその人の本質が現れると言えるでしょう。

　自我―人格機能の目的論的側面は、こうした情動―感情機能の働きと密接な関係を持っています。情動―感情機能の働きを土台として、その上に認知―言語機能や感覚―運動機能といった他の機能領域を統合することで、何かを欲したり、望んだり、好んだりするといった漠然とした傾向が、思考や動作まで含めた、はっきりとした形をもった「目的」として形成されます。

　このように、情動―感情機能の働きは、その人が何を目指して、どのように行動するかに多大な影響を及ぼしています。情動―感情機能は、あらゆる行動のベースとなるものであり、この機能領域が安定した働きをすることで、自我―人格機能の目的論的側面も高い水準で働くことができるようになります。

　逆に言えば、情動―感情機能が安定的に働いていなければ、自我―人格機能の働きは安定したものにはならないということでもあります。

　たとえ、認知―言語機能を高めて、機械論的側面の働きをよくしたとしても、土台となる情動―感情機能の働きが不安定な状態になっていると、自我―人格機能の働きも安定した状態を保つことはできません。

　機械論的側面の働きが良く、目的実現までの手順や筋道をうまく整理することができたとしても、そもそもの目的設定の段階でブレが生じていたので

は意味がありません。

　情緒や気分が変わりやすく、気持ちの浮き沈みが激しかったり、感情のムラが大きく、他者のことを気にかけることもあれば、ほとんど関心を払わないこともあるといったように、情動―感情機能の働きが不規則で、ひどく乱れているような場合、実際の行動にも混乱が見られるようになります。

　情動―感情機能の働きが不安定になると、利那的な衝動や一時の感情といった、突発的な動機で行動することが増えて、一貫性のある活動を行うことが難しくなります。その時々で求めるものや望むことがころころと変わってしまうので、行動の指針が定まらなくなりますし、計画性が失われてしまうことで、先のビジョンを見据えて動くということができなくなります。

　このような状態では、作業の効率化や合理化が行われたとしても、全体としてはまとまりのない行動にしかなりません。短期的な成果をいくらか上げることができたとしても、それを積み上げることができなければ、結局はうまくいきません。

　また、設定した目的を実現するためには、活動を継続して行うことが必要になります。この際、情動―感情機能の働きが不安定な状態では、活動を続けるためのモチベーションを保つことが難しくなります。

　機械論的側面の働きは、作業の効率化や合理化を進めることで、目的実現までの段階や時間を減らしてくれます。しかし、それでも実際に目的を達成するためには、一定の期間、緊張感や集中力を持続させなければなりませんし、そのためにはある程度の我慢や忍耐も必要となってきます。こうした集中力や忍耐を保つ上では、モチベーションを維持することがとても重要になります。

　しかし、情動―感情機能の働きが不安定になると、それがうまくいかなくなります。情緒や気分が定まらず、落ち着きを失った状態では、しなくてはならないことがあっても、やる気が出ずに、作業を続けることができないといったことが起こります。

認知—言語機能や感覚—運動機能の働きはよく、やればできるのに、作業の継続が不得手で安定した成果を上げられないといったタイプの人がいますが、それは情動—感情機能の働きが不安定なことが原因であることが多いと言えます。

中には、衝動や激情に任せて一時期に集中して作業を行うことで、高い成果を上げるといった人もいます。しかし、そうしたやり方は長い目で見ればうまくいかないことのほうが多いものです。短期間ではなくトータルで見れば、少しずつでもコツコツと作業を続けたほうが、よい結果を得るものです。

また、普段は落ち着いている人でも、何かショックを受ける出来事があり、気持ちが沈んだり、不安や焦りを強く感じたりすれば、一時的にモチベーションが下がり、何もする気が起きなくなってしまうといったことがあります。これも、情動—感情機能の乱れが原因で、活動のエネルギーが失われてしまった状態を示しています。

情動—感情機能の働きが一時的に乱れることは、誰にでも起こり得ることですし、多くは時間の経過とともに立ち直って、やる気を取り戻すことになります。しかし、それが長期に渡るようになると行動全般に悪影響が出るようになります。

4.「こころ」のバランス

このように、自我—人格機能の目的論的側面の働きを維持するためには、情動—感情機能が高い水準で働くことが不可欠となります。

自分が目指すべき目的を定めること。その実現に情熱を傾けて、自身を統合して集中すること。そして、途中でやる気を失ったりせず、始めから終わりまで一貫した行動がとれるように、モチベーションを高い状態のまま維持すること。このいずれにも、情動—感情機能の働きは強い影響を与えています。

それだけに、情動—感情機能の果たす役割は大きく、この機能領域の働き

をいかにして高い水準で保つかは、認知症の予防という点からも非常に重要な課題となります。

ただし、情動―感情機能は、認知―言語機能のようにトレーニングで向上させるといったことは性質上できません。したがって、情動―感情機能の働きを高い水準で保つためには、機能の向上ではなく、機能の安定性という部分に着目する必要があります。

それでは、情動―感情機能の働きを安定させるためには、何が必要となるのでしょうか。それは、「自己」モーメントに属する情動機能と、「他己」モーメントに属する感情機能の働きのバランスをとることです。

人間の心は、「自己」と「他己」という2つの相矛盾する弁証法的モーメントから成り立っています。「自己」とは自分を主張する側面であり、自分に閉じた心ということができます。これに対して、「他己」は他者に心を向け、他者を尊重しようとする側面です。こちらは他者に開かれた心ということができます。

この2つの心は、互いに矛盾する性質をもつために、どちらか一方の働きが強くなれば、もう一方の働きは弱くなるという特徴があります。

情動―感情機能の働きにも、これは反映され、情動側の働きが強くなれば、感情側の働きは弱まりますし、逆に感情側の働きが強くなれば、情動側の働きは弱くなります。

そして、「自己」と「他己」の関係は、固定的なものではなく、常に運動しているので、同じ人の心がいつも同じ状態にあるわけではありません。

普段は情動側の働きが強く、強気で自己主張が強いような人でも、ミスが続き自信を失えば弱気になってしまうこともあります。逆に、普段は感情側の働きが強く、他者への配慮を欠かさないような人でも、欲求を強く刺激された際には他者よりも自分を優先することもあります。こうした一時的な状態の変化は、状況次第でいくらでも起こり得るものです。

一時的なものとは別の、恒常的な傾向もあり、こちらは人柄や性格のベー

スとなっています。各人の人柄がそう簡単に変化したりはしないように、こちらは基本的に状態が急変したりすることはありません。

　ただし、恒常的な傾向といったものは、自分がおかれた環境の影響で長い時間をかけて形成されたものですから、環境が変わり、その中で同じく長い時間を過ごせば徐々に変わっていくことはあります。また、周囲の環境や状況が急激に変化した場合には、比較的短い時間で変化する可能性もあります。

　何にせよ、多くの場合、情動—感情機能の働きは、情動側と感情側のどちらかに偏りながら、作用することになります。常に運動し続ける両者の働きが、完全な調和を保つといったことはほぼ起こり得ないので、偏りが生じることが当然といえますし、それ自体は問題というわけではありません。

　それが問題になるのは、この偏りが大きくなってきた場合です。情動側にせよ、感情側にせよ、どちらか一方に大きく偏った働きをしたような場合、情動—感情機能の働きは不安定なものとなってしまいます。

　情動側が強すぎるケースでは、欲求が膨れあがり、情緒や気分の動きも大きくなる一方で、感情機能の働きがかなり弱体化することになります。この結果、非常に自己中心的で利己的な性質が形成されることになります。

　情動側の働きが強い人がもつ、活発や陽気、活動的といったプラスの性質も、感情機能の働きがある程度保たれることで、はじめて発揮されるものです。他者への関心が極端に弱まってしまえば、本来はプラスであるはずの要素もマイナスへと転じてしまいます。

　活発さが示す積極性や主体性は、他者への配慮を失ってしまうと、身勝手な態度や自分本位な行動となります。陽気さや明るさは、自惚れや傲慢さ、思い上がった態度へと変わりますし、活動的な面は攻撃性の高さとなって現れます。

　欲求の強さは活動時のエネルギーの大きさでもありますが、それも自己中心的な行動にばかり使われるのでは、かえってマイナスに働いてしまいます。

　また、欲求が強いだけに、それが満たされなければ強い不満を感じること

になりますし、情緒の強さがそれに拍車をかけることになります。気分の変動も大きくなり、些細なことで機嫌が急変したりしますし、それに伴って身勝手な行動も増えます。総じて、エゴイスティックな性質が前面に出ることで、本来の良さが失われてしまい、マイナス面ばかりが目立つようになります。

　これとは逆に、感情側が強すぎるケースでは、他者とのつながりを得ようとする傾向や、他者への関心が強くなりすぎる一方で、情動機能の働きがかなり弱体化することになります。この結果、非常に依頼心が強く、過度に依存的な性質が形成されることになります。

　感情側の働きが強い人がもつ、穏やか、温厚、柔和といったプラスの性質も、情動機能の働きがある程度保たれていなければ力を発揮しません。

　穏やかさや温厚さといったものは、情動の働きを失ってしまえば、暗さや気弱さ、無気力さ、不活発といったものになってしまいます。また、柔和な性質は、単なる脆弱さやうたれ弱さでしかなくなります。

　「他者の心を感じるこころ」の豊かさは、人としてとても価値あるものですが、それも偏りすぎればマイナスの面が大きくなってしまいます。

　情動機能の働きが弱すぎた場合、他者とのつながりを得ようとする心は、強すぎる依存心となります。他者を頼みとして、その期待や意図に沿おうとするあまりに、他者の動向や周囲の状況に流されることが多くなります。意志決定や判断力が弱くなり、何事も一人では決められないようになります。

　また、欲求や情緒の弱さは、行動時のエネルギーの少なさとなり、それが怠惰や緩慢な動作につながることもあります。総じて、情動機能の極端な弱さによって、本来の良さが損なわれる形となり、マイナス面ばかりが目立つようになります。

　このように、情動側と感情側、どちらに偏りすぎても、大きな悪影響が出ることになります。そして、双方に共通するのは、情動―感情機能の働き自体が、非常に不安定な状態になっているということです。

　人間の精神には「自己」と「他己」という2つの相矛盾する傾向があり、これを反映する形で、「こころ」の働きにも情動と感情という2つの異なるベクトルをもつ働きがあります。

　しかし、この2つは便宜上分けて捉えているものの、完全に分かたれた別物というわけではなく、コインの表と裏のように、同じ物の異なる面を示しています。だからこそ、互いに影響を与え合わずにはいられないのです。

　そして、もともと一つのものであるからこそ、どちらか一方の働きだけが突出して、もう片方の働きが損なわれてしまうと、双方ともに本来の力を発揮することができなくなってしまいます。その結果が、「自己」に偏りすぎて、情動機能の働きだけが突出した場合のエゴイスティックな性質であり、「他己」に偏りすぎて、感情機能の働きだけが突出した場合の過度に依存的な性質なのです。

　情動―感情機能の働きは、情動機能と感情機能が揃って働いてこそ、はじめて人間らしい「こころ」として機能することができます。片方だけがよく働いていればよいというものではありませんし、むしろそうした偏った働き方をするほど、正常な状態からは遠ざかってしまいます。

　現代では、個性や多様性を尊重するといった社会全体の風潮があり、偏りの強い人柄や性格であっても肯定される傾向が見られます。

　しかし、精神的な偏りとは、その度合いが大きければ大きいほど、人としての本来の在り方から外れていることを示しています。それは、本人の生き方にも、また周囲の人々にとっても、決して良い影響を与えるようなものではなく、安易に肯定すべきものではないのです。

　情動―感情機能の極端な偏りは、情動側と感情側のどちらの面からもプラスの要素を損なわせて、マイナスの要素を増長します。さらには、「こころ」の状態そのものを、非常に不安定な状態にしてしまいます。そして、情動―感情機能の働きが不安定な状態になってしまうと、これを反映して自我―人格機能の目的論的側面もうまく働かなくなってしまいます。

　「こころ」が乱れて、強い不安や焦りを感じることで、仕事や作業に集中できなくなるといったことは、誰にでも経験があることでしょう。ここでポイントになるのは、情動―感情機能における自他のバランスの崩れが、そうした「こころ」の乱れの引き金になるという点です。

　仕事や人付き合いの中で、うまくいかないことがあって、イライラしたり、落ち込んだりすることがあったとして、情動―感情機能がバランスよく働いている人であれば、情緒や気分が大きく変動したりすることはありませんし、他者への心情も簡単に移り変わったりはしません。また、そもそも「こころ」が安定しているので、多少のことで苛立ったり、気落ちしたりすることもありません。

　しかし、情動―感情機能がどちらかに大きく偏っているような人の場合、情緒や気分の変動幅が大きく、他者への心情についても端から端へと極端に変化したりします。また、そもそも「こころ」が不安定な状態にあるので、わずかのことでもフラストレーションを爆発させたり、激昂したりしますし、逆に少しの失敗で絶望感や挫折感、喪失感や悲壮感にとらわれたりもします。

5.　自他のバランス

　「こころ」の乱れは、何らかの外的な要因によって起こされるものと捉えられやすいのですが、実際に「こころ」が乱れるかどうかは、外的要因よりも、その人の情動―感情機能がどういう状態にあるかという、内的な要因のほうが大きな意味をもっています。

　そして、この点が最も重要な部分なのですが、情動―感情機能の状態を決定づけるものは、その人がもつ「自己」と「他己」の力関係にあります。

　これらの点を踏まえれば、情動―感情機能の働きを安定させて、自我―人格機能の目的論的側面の働きを高い水準に保つための条件が見えてきます。それは、「自己」と「他己」の偏りを抑えて、できるだけバランスをとることです。

　二本の足があることで安定した姿勢を保つことができるように、「自己」と「他己」という２つの心が、ともにその役割を十分に果たすことで、人間の精神は本当に安定した状態を維持することができます。

　精神的な安定を保つことを、時に「心を強くもつ」といったり、動じることのない「強い心」と表現することがあります。こうした場合、心の強さとは、自信をもつことであったり、自尊心を育むことであったり、強固な自我をつくるといったような、「自己」側を強化することを指すことが多いようです。

　しかし、そうした捉え方は、自他のバランスという観点からは正しいものであるとは言えません。

　精神的な安定を保つ上では、「自己」の働きを高めることも必要となることは間違いありません。しかし、それが「他己」とのバランスを崩すレベルにまで達してしまうと、かえって逆効果になります。

　「自己」の働きが強い人は、意欲や積極性が高く、強気な態度も相まって、一見して頼りがいがあるという印象を受けやすいものです。それが心の強さとして捉えられることになるわけですが、実際には「自己」側の働きだけが強化されてしまうと、周囲に自分を合わせていく柔軟さが失われてしまい、心は硬く、そして脆くなっていきます。

　自分のやり方がうまくいっており、自信や自尊心を保っている間はよいのですが、物事が自分の思い通りに行かなかったり、予想外の失敗をしてしまったときなどには、意外なほど脆い精神状態を露呈して、大きく崩れるといったことが起こります。失敗などによって「自己」がダメージを受けて、へたってしまったとき、自分を支えるものがそれしかない人は、すぐに精神的に不安定な状態に陥ってしまうからです。

　「自己」だけを強化して自分を支えようとすることは、一本の足だけで立ち続けようとするようなもので、どれだけ頑張ったところで、不安定な状態から脱することはできません。

　ごく希に、非常に高い能力をもち、また時流にも恵まれて長く成功を続けることで「自己」だけで自分を支え続けているといった人もいますが、それは例外的なケースにすぎません。

　また、どれだけ高い能力をもっていたとしても、いずれは衰えが出ることは避けられませんし、幸運がいつまでも続くこともありません。それらを頼みとすることは、危うい橋を渡り続けるようなもので、これを目指すべきモデルケースとするのは問題があります。

　「自己」の働きを高めて、自己追求を図ることは重要ですが、それと同様に「他己」の働きを高めて、他者と心を通わせ合うことも重要なことです。この２つの働きが揃うことで、はじめて長期にわたる安定した精神状態を保つことができるようになるのです。

　認知症の予防にあたっては、「自己」と「他己」の双方の働きを高めて、両者のバランスを高いレベルで維持することが重要になります。このことが、情動─感情機能の働きを安定させることになり、さらには自我─人格機能の目的論的側面の働きを向上させることにつながります。

　ただし、これは容易なことではありません。「自己」と「他己」のバランスとは、本人がそうなろうと思って自ら作り上げたものではなく、自分では意識しない内に、おかれた環境の中でいつの間にか作られ、気づいたときにはすでにかなり固まっているものであるからです。

　自己追求的な傾向が強い人は、そうした性質が培われる環境に身を置いたことで、「自己」側に偏りが見られるのであって、必ずしも自ら望んでそうなっているわけではありません。

　同様に、他者指向性が強い傾向にある人に関しても、「他己」側に偏りがある性質を自分で選択しているわけではないのです。

　精神的な傾向というものは、自分の望みや選択とは関係ないところで形成されており、かつ、それは自分というものの骨幹として根付いています。これを後から自分の判断で変えることは、簡単なことではありません。

　「自己」と「他己」のバランスが最も顕著に現れるのは、情動―感情機能の働きですが、この領域の働きも自分の思い通りにはならない部分が多くあります。

　たとえば、欲求や情緒といったものは、自分の意図とは関係なく勝手にわき上がります。腹を減らさないでおこうと思っても、時間が経てば自然と空腹を感じますし、のども渇きます。できるのは辛抱することだけで、欲求そのものを思い通りに動かしたりはできません。

　同様に、怒らないようにしようと思っても、不愉快なことがあれば勝手に腹は立ちますし、落ち込まないようにしようと思っても、嫌なことがあれば勝手に暗い気分になります。また、他者に対する関心や興味もそうしようと思って起こすものではなく、自然とわき上がるものです。

　自分の意図の外で動くものであるだけに、情動―感情機能の働きに偏りがあるからといって、どちらかの働きを意図的に促進したり、制限したりすることはできません。それは、トレーニングによってどうこうできるといった問題ではないのです。

　「自己」と「他己」がどういったバランスで働いているか、また、その反映として情動―感情機能がどのように働いているかは、結局のところ、その人がこれまでにどういった人生を歩んできたかによって決まっています。

　どのような家庭に生まれて、どういった人柄の親に育てられたか。どのような人々と出会い、どういう形の交友関係を結んできたか。どういった師に出会い、どのような教育を受けたか。どのような職に就き、どういった仕事をしてきたか。成功の体験が多いのか、失敗の体験が多いのか。どのような社会状況の中で生きてきたか。開放的な環境にいたのか、それとも閉鎖的な環境にいたのか。また、その中でどういった文化的影響を受けたか。こうした、人生で得た全ての出会いや経験が下地となって、その人の精神的な傾向は形成されています。

　「自己」と「他己」の力関係には、その人のこれまでの生き方が現れてい

ます。それだけに、簡単に変わるようなものではないのです。

　若い頃であれば、まだ積み上げた経験も少なく、未熟な段階にあるので、その分だけ精神的な柔軟さが残されています。周囲からの影響を強く受けることで、よくも悪くも比較的容易に自分というものを変えることができます。

　しかし、年齢を重ねて多くの経験を積むと、自分というものがしっかりと定まってきます。成熟したということもできますが、その分だけ精神的な柔軟さは失われており、周囲から影響を受ける度合いも少なくなります。こうした状態になると、自分というものを変えることは、かなり難しくなります。

　これを踏まえれば、高齢になり認知症の予兆が見えた段階になって、自他のバランスを改善させようとしても、それは非常に困難なことと言えます。

　したがって、「自己」と「他己」のバランスを整えることで、認知症を予防しようとするのであれば、早い段階から取り組むほうが、より効果的ということになります。

　誤解の無いように言っておきますと、これは歳をとった人は何をやっても無駄ということを示しているわけではありません。

　先に述べたように、「自己」と「他己」の力関係には、その人のこれまでの生き方が現れています。ただし、それは過去の経験だけが現在の自分をつくっているという意味ではありません。

　これから先に自分が何をするか、何を目指したいかという未来に向けられた志向も、現在の自分をつくる重要な要素となっています。

　現在とは、過去と未来の統合として成立しています。そして、過去から現在までの経過を変えることはできませんが、現在から未来にかけて目指す道を自分で決めることはできます。

　つまり、自分の置かれた環境や立場を変え、積極的に生き方を変化させることで、「自己」と「他己」のバランスが変わる可能性は誰にでも残されています。

　ただ、年齢を重ねて、残された時間の少なさを実感するようになると、ど

うしても新しいことに取り組む気概や気骨といったものは失われる傾向にありますし、これまでの時間を大切に思うあまり、過去にとらわれて、今の自分を変えることに強い抵抗を感じたりもします。こうなると、自分の生き方を変えることはどうしても困難になりますし、精神的な傾向も固定されがちになるということです。

逆に言えば、現在の自分に安住せず、自分はまだまだこれからだといったような、高い意欲を持続していれば、実年齢の高低は関係ありません。体は衰えても心が若ければ、いくつになっても変化の可能性は残されています。逆に、実際の年齢は若くとも、現状に甘んじて心の柔軟さを失っていれば、その心はすでに老いていると言えるでしょう。

6. バランスの修正

それでは、「自己」と「他己」のバランスをとるには、具体的にどうすればよいのでしょうか。

まずは、今の自分がどういった精神的傾向にあるかを把握することが必要になります。「自己」側の働きが強いのか。それとも「他己」側の働きが強いのか。両者の力関係はどういったバランスにあるのか。偏りが大きいのか、小さいのか。これらをきちんと把握しておかないと、精神的傾向によい変化を与えることはできません。

自分のことを正しく知ることは、簡単なようで実は難しいことです。自分に抱いているイメージと他者からの評価との間に差があることは、何も珍しいことではありません。したがって、自己評価だけを信用するのではなく、他者からの評価と比較しながら、自分が今どういう傾向にあるかを知ることが望ましいと言えます。

もし、自己評価と他者からの評価の間にあまりにも違いがあるようなら、「自己」と「他己」のバランスがかなり悪い状態にあり、自我―人格機能がうまく働いていない可能性があるので、注意が必要となります。

　すでに「自己」と「他己」のバランスが大きく崩れているような場合は、自分を客観的に評価することができず、自己評価が実態とはかけ離れて高かったり、逆に異常に低かったりするようになります。

　また、他者からの評価を受け入れることができず、強く反発したり無視するといったことが頻繁に起こるようになります。この状態にまでなると、自他のバランスを修正することは非常に難しくなります（そもそも、今の自分を変えたいという願望をもつことがなくなります）。

　自分の現状を認識するということは、自分の行動を省みて、自分に足りない部分や欠けているものがあることを知るということでもあります。これができなければ、バランスを修正することはできません。

　自分がもつ精神的傾向を把握することで、本当の意味での自己理解を深めることができるようになります。自分がどんなタイプの性質をもつかを理解することで、はじめて自分と向き合うことができるようになるのです。

　そうして自分の在り方を見つめ直した時、ほとんどの場合は、「自己」側か「他己」側か、どちらかの働きが強く、もう一方は弱い状態になっていることがわかります。自分のもつ性質が自己追求的なタイプであるか、それとも他者尊重的なタイプであるかを理解することが、適切な自己理解の第一歩となります。

　そして、自分がどちらのタイプに属するかを知ることで、自他のバランスを修正して、精神的な安定度を高めるための「きっかけ」を得ることができます。

　知ること自体は、ただ行動を起こすための、きっかけをつくるにすぎません。それを実際の行動に移すかどうかで、自分の在り方を本当に変えることができるかどうかが決まります。

　「自己」側の働きが強く、自己追求的なタイプの人であれば、基本的に向上心が高く、自分のもつ可能性を追求したり、より高いレベルに達することを目指すといった傾向が強くなります。設定した目標に対しては意欲的に取

り組み、努力を続けることができます。その反面、自分を優先するために、どうしても他者への配慮に欠けるところがあり、他者への関心が薄い点に問題が見られます。

このタイプによく見られるのは、自分の思い通りにならないことに強いストレスを感じて、他者に当たり散らしたりすることで、人間関係がこじれてトラブルになったり、自覚のないままに身勝手な行動をして周囲の人に迷惑をかけるといったことです。

また、自身の向上を支えとしているので、普段は強気な態度を見せていても、挫折や大きな失敗をすることで意気消沈したり、自信を失って自尊心が折れてしまうと、そこから立ち直ることが難しくなるという面もあります。

「自己」の働きが強化されて、「他己」の働きが相対的に弱まるほど、こうした傾向は強くなり、そのぶんだけ精神的な安定度は低くなってしまいます。それだけに、このタイプの課題は、いかにして弱まった「他己」の働きを取り戻すかが焦点になります。

これとは逆に、「他己」側の働きが強く、他者尊重的なタイプの人であれば、基本的に感受性が高く、他者の心の機微を敏感に察し、その期待に沿って行動する傾向が強くなります。

他者の期待に応えて、それによって他者が喜ぶことに、自分自身も大きな喜びを感じますし、他者を悲しませたり怒らせたりすることに対して、強い心の痛みを感じるので、これを避けようとします。このために、社会的な規範や集団内のルールに従う傾向が強くなります。

その反面、他者との関係を優先するために、どうしても主体性や積極性は弱くなり、能動的に動くことが不得手になるという点に問題が見られます。

このタイプによく見られるのは、周囲への気遣いが過ぎるあまりにストレスをため込んだり、自分なりの意見や主張といったものをあまり持たないために、周りの状況や環境に流されやすく、それがトラブルの原因になるといったことです。

　「他己」の働きが強化されて、「自己」の働きが相対的に弱まるほど、こうした傾向は強くなり、精神的に不安定な状態に陥りやすくなります。このために、このタイプの課題は、いかにして弱まった「自己」の働きを取り戻すかが焦点となります。

　「自己」と「他己」の働き方に相対的な強弱があるとしても、どちらも一定の水準を超えて働いていれば何も問題はありません。しかし、強弱に差がつきすぎて、どちらかの働きが弱くなりすぎると、様々な問題が出ることになります。

　最もわかりやすい形で現れるのは、情動―感情機能の働きをうまく制御することができなくなることです。

　たとえば、欲求や衝動を抑制できずに、してはならないことをしてしまったり、逆に欲求がわかずに、何もする気が起きなくなったりします。情緒が暴走して、ささいなことですぐ腹を立てたり、わずかなことが気になって落ち着きを無くしたりします。気分の浮き沈みが激しくなり、不自然に陽気になったかと思えば、突然気分が落ち込んだりすることもあります。

　もし、こうした情動―感情機能の不安定さに覚えがあり、かつそれが頻繁に起こるようであれば、「自己」と「他己」のバランスが大きく崩れている可能性が高いと言えます。そうした人は、認知症の予防ということだけでなく、不安定な精神状態を改善するという意味でも、バランスの修正に取り組む価値はあります。

　自分の状態を自覚できるということは、自我―人格機能の働きがまだ損なわれてはいないことを示しています。それは、十分に改善の余地があるということでもあります。現状から、さらにバランスを悪くしてしまうか、それともよい方向に向かっていくかは、今後の自分次第ということになります。

　重要なことは、「自己」と「他己」のバランスの悪さが、自身の精神状態に悪影響を及ぼしていることを自覚することです。そして、そのことに対して危機感を感じることです。自分を意識的に変えることは、簡単にできるこ

とではありません。これを実行するには、何よりも強い動機をもつことが条件となります。自覚と危機感の二つは、これを得る上で欠かすことができないものです。

　ただし、強い動機をもつことができたとしても、それでもなお「自己」や「他己」といった精神全般にわたる傾向を変えることは容易なことではありません。

　自己追求的なタイプの人が、自分の「他己」をもう少し豊かにしようと考えても、すぐに改善されたりはしませんし、他者尊重的なタイプの人が、自分の「自己」をもう少し高めようと考えても、すぐにそうなれるわけではありません。

　他者に配慮して、思いやりをもって行動しようとして、すぐにそれができるのであれば、誰も人間関係でトラブルを起こしたりしないでしょう。高い目標をもち、能動的な生き方をしようとして、すぐに実行に移せるのであれば、誰も自分の生き方に迷ったりはしないでしょう。自覚して、反省した上でなお変えられない、やろうと思ってもできないからこそ、自分を変えることは困難なのです。

　「自己」と比較して「他己」の働きが弱いのであればこれを補い、「他己」と比較して「自己」の働きが弱いのであれば、これを伸ばす。言葉にすれば簡単ですが、実際に自分に足りないものを埋めることは難しいことです。

　「あたま」で理解しただけでは、人間は変わることはできません。それはきっかけにすぎないのです。「こころ」が変わらなければ行動は変化しません。そして、「こころ」の性質とは、その人がもつ自他の傾向を反映したものですから、この部分に変化を促す必要があります。それは一朝一夕に変わるようなものではなく、時間をかけて少しずつ変えていく以外にはないのです。

　これらを踏まえた上で、自分がもつ精神的傾向に変化を与える上で最も効果的な方法と考えられるのは、「自分のおかれた状況や環境を変えること」です。

　現在の自分がもつ性質は、自分がこれまでいた環境や、そこで得た人間関係などから影響を受けることで形成されています。人間は誰でも周囲の状況に定位しており、その影響から逃れることはできません。

　「朱に交われば赤くなる」、「水は方円の器にしたがう」といった言葉があるように、人の性質はおかれた環境によっていかようにも変わります。だからこそ、人を変えようとすれば、まず環境を変えることを目指す必要があるのです。

　「自己」と「他己」のバランスを、自分の思い通りに変えることはできませんが、自分のいる環境を変えることは、自らの主体的な判断で行うことができます。

　そして、環境が変わることで生じる最も重要な変化は、自分の周囲にいる人々が大きく入れ替わるということにあります。

　自分を取り巻く事物の中で、最も大きく影響を受けるものは、やはり自分の周囲にいる人々です。自分に近しい人が何を目指して、どういったことを望んでいるか。どういった態度で自分と接し、どのような関係性を築いているか。自分の属する集団は、どういった雰囲気やムードをもっているか。そうしたことが自分に及ぼす影響は、とても大きいものです。

　ごく単純に言えば、周囲に自己追求的な性質を持った人が多くて、やる気や活気のある雰囲気の中にいれば、自然と自分もその影響を受けることで、自己追求的な志向が強まる可能性が高くなります。

　逆に、周囲に他者尊重的な性質を持った人が多く、他者とのつながりを大事にしようとする雰囲気の中にいれば、自然と自分もその影響を受けて、他者尊重的な志向が強まる可能性が高くなります。

　もちろん、人間関係というものは単純ではなく、複雑な面もあるので、いつもそうなるとは限りません。

　多くの自己追求的な性質を持つ人に囲まれていても、最も強いつながりをもつ人が他者尊重的な性質をもった人であれば、そちらの影響を強く受ける

といったこともあります。また、多くの他者尊重的な人に囲まれていても、それを受け入れずに反発すれば、逆に自己追求的な性質が強くなるといったこともあり得ます。

　何にせよ、人は誰でも周囲の人々から強い影響を受けています。したがって、今の自分をよい方向に変えていこうとすれば、自分に足りないものをもつ人々と、密接な関係を持つことが効果的ということになります。

　「他己」の働きが弱い人であれば、「他己」の豊かな人々の中に自分をおき、交友関係の中で強く影響を受けることで、自分の「他己」の働きも少しずつ豊かなものとなっていきます。

　「自己」の働きが弱い人であれば、「自己」が強く、高い目標を持って自分を高めていこうとする人々の中に自分をおき、彼らに感化されることで、自分の「自己」の働きも少しずつ高まっていきます。

　長い時間をかけて築かれた精神的傾向を変えていくためには、同じかそれ以上の時間がかかるかもしれません。それでも、精神の働きが停滞せず、運動している限りは、少しずつでも変えていくことはできます。大きく変えることはできなくとも、また調和のとれた状態に戻しきることはできなくとも、環境から影響を受けることで多少なりとも自他のバランスを修正することはできるのです。

　そうして「自己」と「他己」のバランスをとりながら生きていくことが、人間として本来あるべき姿であり、人として正しい在り方に近づいてこそ、精神的な安定は保たれることになります。そして、それが結果的に認知症の予防にも結びつくことになるのです。

第二節　精神と病の関係について

　医者や科学者といった人々は、病について理解を深めようとしたとき、まずそれが身体にどういった異常を起こしているかに注目します。そして、患

者の精神に何らかの異常が現れたとしても、それが起こった原因は脳などの器質的な損傷にあると見ていることがほとんどです。

　たとえ精神面にどれだけ大きな異常が認められても、その原因はあくまでも身体の側にあり、精神的な異常はその結果として生まれているとするのが、大半の医者や学者に共通する見立てです。

　当然、認知症に関しても捉え方は変わりません。病の原因はすべて脳で起きた異常にあるとされ、したがって、病の予防に関しても、そうした身体的な異常を防ぐという観点からのみ行われることとなります。

　しかし、そうした物の見方は、人間という存在における、精神がもつ影響力の強さを軽視しすぎています。

　認知症という病において、脳に器質的な損傷が発生していることは、はっきりと確認されています。ただし、それは病の原因がすべて脳にあるということを示しているわけではありません。

　また、認知症では、認知機能の低下だけでなく、心理症状をはじめとした多くの精神面の異常が現れますが、これらが全て脳の異常から生まれたと断定できるわけではありません。

　それにもかかわらず、現状では脳の損傷だけが原因と見なされて、精神面の異常はその結果か、あるいは副産物のように扱われています。そこに見えるのは、脳（身体）を偏重して、精神の働きを軽視しようとする、非常に一面的な捉え方です。

　実のところ、脳が精神の働きを生み出す根源であるという考え方には、確たる根拠があるわけではありません。両者を関連づける多数のデータはあっても、それはただ両者のつながりの強さを示しているにすぎないのです。

　それでも、多くの研究者が、脳を精神の座とする見方を崩さないのは、脳が精神を生み出しているに違いないという、ある種の先入観や固定観念、あるいはそうであって欲しいという期待や願望に沿って、「脳→精神」という形式に固執しているからです。

　忘れてはならないのは、科学的知識とは、常に事実の後追いとして形成されるものであって、今ある定説や常識がすべて正しく証明されたものというわけではない、ということです。かつて天文学において天動説が定説として広く信じられていたように、誤った知識が正しいとされることは、何も珍しいことではありません。科学を有効活用しようとするのであれば、従来の知識だけを盲信して視野を狭めるようなことは、行うべきではありません。

　認知症の原因についても、近視眼的な見方から脱するのであれば、脳だけに固執するのではなく、それ以外の可能性についても考慮しなければなりません。この可能性とは、その人がもつ精神の在り方が、病の発症と深く関係しているというものです。

　「病は気から」という言葉があるように、精神の在り方が病に対して何らかの影響を及ぼすという考え方自体は、古くからあります。

　それにもかかわらず、研究者の多くが、精神と病の発症との関係にまで踏み込まなかった大きな理由は、精神というものが不定形のものであり、かつ非常に複雑で多様性に富むために、作用の実態をつかむことが難しいことにあります。多くの科学者が脳という器官を通じて精神を理解しようとするのも、脳という「実体」を足がかりにしたいという考えがあるからです。

　しかし、逆に言えば、精神の在り方を適切に捉える枠組みを用意することができれば、精神と病の関連を、より具体的な形で捉えることができるということでもあります。

　そして、その枠組みとして有効と考えられるのが、「自己」と「他己」という２つの軸をもとにした精神の捉え方です。

　精神の働きは複雑であるために、その一々を詳細に分析するといった方法（＝科学的手法）では捉えきれません。混沌とした働きを解き明かす上で重要なのは、枝葉末節にこだわることではなく、作用の根幹がどこにあるかを見極めることです。一見しただけでは規則性がわからないような複雑な働きであっても、それを構成する軸を見出すことができれば、きちんと整理して捉

えることができるようになります。

　精神の働きを、「自己」と「他己」という２つの相矛盾する心の弁証法的運動として捉えることで、それぞれの人がもつ精神の在り方が、どのようなものであるのかが、具体的な形で見えるようになります。そして同時に、どこに問題の本質があるのかも見えてきます。

　人間にとって「自己」と「他己」がともに欠かせないものであるのなら、最も重要なことは、両者の働きを高めて、かつそのバランスをとることです。

　精神の不安定さや、心の乱れといったものは、突き詰めれば、すべて「自己」と「他己」のバランスが崩れることから生じています。

　人間にとっての根源的な問題とは、相矛盾する性質をもつ２つの心をもち、しかもそれが絶えず運動しているために、バランスを崩しやすい状態を強いられているという点にあります。両者のバランスをいかにして保つかは、人間にとって最重要の課題の一つと言えます。

　認知症のように、精神の働きに直接的に影響を与える病の場合、身体面の異常だけでなく、精神面の状態変化にも着目する必要があります。精神面における状態の乱れ、つまり、「自己」と「他己」のバランスに大きな偏りがあるような場合、それが病の発症の引き金となる可能性を考慮するべきです。

　認知症では、自我―人格機能が障害を受けることで、自分をうまくコントロールすることができなくなってしまいます。その結果、精神の各機能領域の働きから、目的性や統合性、一貫性が失われてしまい、行動面で様々な支障が出ることになります。それと同時に、情動―感情機能の働きも制御できなくなることで、多くの心理症状が現れることになります。

　このとき、心理症状がどういった形で現れるかは、その人がもつ「自己」と「他己」の傾向がどういった状態にあるかによります。

　「自己」側への偏りが大きい場合には、それに応じた症状が現れますし、「他己」側への偏りが大きい場合には、それに応じた症状が現れることになります。そして、両者のバランスが大きく崩れているほど、現れる心理症状

の内容は重いものとなっていきます。

　注意すべきなのは、こうした「自己」と「他己」のバランスの崩れ自体は、認知症が引き起こすものではないという点です。

　認知症が起こすのは、あくまでも自我―人格機能の障害による、自己をコントロールする力の低下であり、「自己」と「他己」のバランス自体には影響を与えません。したがって、心理症状の原因となる情動―感情機能の乱れは、その人が認知症にかかる以前からもつ「自己」と「他己」のバランスの悪さに、根本的な原因があるということになります。

　心理症状として現れる諸々の症状を見れば、実はその多くが、「自己」と「他己」のバランスの悪い人がとる行動と類似していることがわかります。

　ささいなことで興奮して、大声を上げたり、怒鳴ったり、わめき散らしたりするといったことや、すぐに手を上げようとしたり、実際に暴力をふるうといったことは、認知症患者に特有というわけでなく、「自己」側に大きく偏ったタイプの人に、よく見られる行動です。

　また、幻覚や幻聴、あるいは妄想や疑心暗鬼といったものについても、認知症患者だけでなく、「自己」側に極度に偏った人に現れることがあります（こうした症状が見られる人は、かなり病的な状態にあるといえますが）。

　これらの症状は、「自己」だけが異常に肥大して「他己」の働きが極端に弱まることで、他者との心理的なつながりが絶たれてしまうことによって生じています。「他己」の喪失と、それによって損なわれた他者とのつながりを補償しようとして、実際にはありもしないものが見えたり、聞こえたりするようになります。本来は、他者に定位して自分を安定させるところが、それができないために、かわりに自分で作り出した幻想に定位しようとしているわけです。

　「自己」の働きが肥大した人は、自分の都合だけで物事を見るようになり、他者の心情や立場に配慮することができません。加えて、「他己」の働きが弱体化しているために、他者を信じることができず、自分に何か害を与える

のではないかという疑いに心が支配されてしまいます。このために、あり得ないほど不合理なことでも真実と思いこみ、妄想で他者を攻撃したり、逆にひどく怯えて距離をとろうとしたりするのです。

これらの症状とは別に、認知症の心理症状では、やる気がでなかったり、気分がひどく落ち込んだり、ふさぎ込んで人と会うのを嫌がったり、長い時間何もせずにぼんやりするといった、うつ病に近い症状が現れることもあります。

これらの症状は、「自己」の働きが極端に弱まることが原因で生じています。「自己」よりも「他己」の働きが強い人は、本来は他者を求めて、他者の期待に沿って行動しようとします。しかし、「自己」の働きがあまりにも弱いと、他者の期待や存在自体が自分にとっての重荷となってしまい、他者との関わりを避けるようになります。

これらの症状については、認知症患者以外にも、精神的な傾向が「他己」側に大きく偏った人に見ることができます。

この他にも、多くの患者に共通して見られるものとして、強い不安や焦燥感にかられて、すぐに落ち着きを失ったり、取り乱したりするといった症状があります。これについては、頻度と程度に違いがあるだけで、健常者にも見られるものです。

不安や焦燥といったものは、精神的に不安定な状態に陥ったときに生じるものです。そして、精神の不安定さとは、基本的に「自己」と「他己」のバランスが崩れることによって生じています。

バランスの崩れが「自己」側に振れたときには、イライラして人や物にあたるといったことがよく起こりますし、逆に「他己」側に振れたときには、一人になることを嫌がって誰かについて回るといったことが起こるようになります。

このように、認知症で現れる諸々の心理症状のベースには、「自己」と「他己」のバランスの崩れがあります。そして、それは認知症によって起きた障

害というわけではなく、その人がもとからもっていた精神的な傾向です。認知症では、自我—人格機能が障害を受けることで、行動の抑制や制御がうまくできなくなり、結果的に内面の乱れが表に現れやすくなるのです。

これは逆に言えば、「自己」と「他己」のバランスがとれた状態にあり、精神的に安定した状態を普段から維持することができていれば、たとえ認知症になったとしても、目立った心理症状が現れることはないという可能性を示しています。

忘れてはならないのは、現状の定義においても、ただ認知機能が低下しただけの状態を認知症とは認めていないということです。認知機能の低下をはじめとした様々な要因が重なり、社会生活が営めなくなることで、はじめて認知症と認められます。

そして、社会生活とは、自分一人だけで維持していくようなものではなく、家族をはじめとした周囲の人々との関係性の中で営んでいくものです。

どれだけ高い能力があったとしても、自分だけで生活の全てをこなすようなことはできませんし、何らかの部分で必ず他者の助けを借りています。もし、自分は誰にも頼ることなく、一人で生きていると考えている人がいれば、その人は自分がどれだけ周囲からの援助を受けているかを自覚していない、ただの未成熟な人であるにすぎません。

社会生活を円満に送るためには、自分の周りにいる人達と良好な関係を築き、これを維持していくことが必須の条件となります。この条件を満たしていれば、たとえ自分一人ではどうにもならない困難な状況に陥ったとしても、これに対処できる道が残されています。もし、病や怪我などを得て、自立した生活を送ることが難しくなったとしても、周囲の人々から適切なサポートを受けることができれば、社会生活そのものが破綻することはないからです。

しかし、認知症における心理症状は、他者との関係性に大きな悪影響を及ぼしてしまいます。情動—感情機能の働きというものは、周囲の人にも伝播（でんぱ）するものです。焦ったりイライラしている人の側にいれば何となく落ち着か

なくなってきますし、ふさぎ込んで暗い気分の人の側にいれば、自然と気持ちが沈んできます。そうした状態の中で、さらに些細なことで怒鳴られたり、妄想による言いがかりをつけられたり、過剰に接触されたり、依存されたりすれば、誰であってもよい気分にはならないでしょう。そうした相手からはできるだけ距離をとりたいと思いますし、こちらから積極的にお世話したいという気持ちも起こらなくなるのが普通です。

　自我—人格機能が障害を受けて、自分をうまく制御できなくなった人にとって、周囲からのサポートを受けられなくなることは、致命的な意味をもちます。自己コントロールが効かなくなった上に他者からの支援を失ってしまっては、社会生活を維持することができなくなってしまうからです。

　こうした点から言えば、認知症患者にとって最もやっかいなことは、情動—感情機能の働きを制御できなくなることにあるという見方もできます。

　だからこそ、情動—感情機能の働きに大きな影響を与える「自己」と「他己」のバランスをとることは、認知症を予防する上でも、またその症状を軽減する上でも重要な意味をもつことになるのです。

　「自己」と「他己」のバランスがしっかりとれていれば、情動—感情機能の働きは安定して、多少のことで乱れたりすることはありません。もし、自我—人格機能の働きが低下したとしても、もともとの働きが安定したものであったのなら、それほど大きな悪影響が出ることはありません。自我—人格機能の働きは、不安定な状態にあるものを修正したり補正するといったときに必要となるものですから、安定した状態を維持できていれば、自我—人格機能に求められる働きは少なくなります。

　「自己」と「他己」のバランスが十分にとれており、情動—感情機能の働きが安定した状態にあれば、認知症によって自我—人格機能が障害を受けたとしても、大きな心理症状が出ることはなく、比較的落ち着いた状態を維持することができます。こうした状態であれば、周囲の人々との関係が悪化することもなく、自我—人格機能が障害を受けることで起こる他の症状につい

て、サポートを得ることも容易となります。

　そうして他者の援助を受けながら社会生活を営むことができるのであれば、これはもう認知症の患者とは呼べなくなります。「自己」と「他己」のバランスをとることで認知症を予防するということは、一つはこうしたことを指しています。

　実際に、まだ認知症が認知症という名称になる以前、それが大きな社会問題とはなっていない時代では、患者の精神的なバランスが比較的とれていたことで、周囲からも病とは認定されないケースが多かったのではないかと考えられます。

　ただ物忘れがひどくなったり、作業の効率化がうまくできなくなったりするだけであれば、周囲の人もそれが病のせいであるとは思いません。ただ、加齢による影響だと感じるだけです。

　人が変わったようになり、これまでしなかった異常と映る行動をとるようになることで、はじめてそれが老いの影響とは違う、別の要因（＝病）が関係していると感じるようになります。

　そして、そうした異常行動の主な原因となるのは、認知機能の低下ではなく、情動―感情機能の乱れであり、さらにその乱れを引き起こす要因となるのが「自己」と「他己」のバランスの崩れなのです。

　現代において、認知症という病が大きな社会問題となっているのは、ただ高齢化社会が進んでいるということだけが理由ではありません。そこには、現代人の多くが「自己」と「他己」のバランスを欠いていることが関係していると見ることができます。

　現代社会における主要な思想は、政治や経済、また哲学や教育に至るまで、その多くに「自己」側の価値を偏重する傾向が見られます。積極的に競争を行うことで、結果として優れたものが残り、それが全体の利益へとつながるとする競争原理などは、その典型的な例であり、そこに他者のために自分を抑えるといった「他己」側の価値観を見ることはできません。

　人がもつ性質は、自分自身で決定するようなものではなく、身を置いた環境によって決まるところが大きいものです。社会全体として「自己」に偏った価値観が拡がっていれば、そこに生きる人々の性質は自然と「自己」に偏ったものとなってしまいます。

　そして、「自己」への無自覚な偏りは、「他己」の相対的な弱体化を生みだし、それが精神的なバランスの崩れへとつながっていくことになります。

　自我—人格機能が働いている間は、偏りをある程度修正できるとしても、何らかの理由で自我—人格機能の働きが損なわれてしまうと、潜在的な問題が表に現れることになります。

　こうしたことを踏まえれば、現代における認知症の社会問題化とは、単なる医学分野の問題というより、現代に生きる人々の心の問題として捉えるべきではないか、との見方もできるのです。

　認知症という病は、現代人のもつ心の乱れを、より鮮明な形で浮き彫りにしていると捉えることもできます。そして、そうであるなら、病の原因を脳の器質的損傷に求めて、その発症と進行をくい止めることだけに注意を傾けるというのは、問題の本質を見誤った行為ということになります。

　認知症という病が、自他のバランスの欠如に対する一種の警鐘であるとするなら、何よりも優先して取り組むべきなのは、「自己」と「他己」のバランスの改善を図ることです。

　精神のバランスを保ち、心理的に安定した状態を保つことができていれば、たとえ自我—人格機能に障害を受けたとしても、その影響を最小限にくい止めることができます。

　認知—言語機能や感覚—運動機能の働きが衰えたとしても、情動—感情機能の働きが安定していれば、目立った異常行動が出ることはありませんし、周囲の人々との関係性に悪影響が出ることも少なくなります。そうなれば、認知症という病がもつ脅威を相当に減らすことができます。

　さらに言えば、「自己」と「他己」の働きを、ともに高いレベルで保ち、

自我一人格機能の働きを最大限に高めているような場合には、たとえ脳に器質的損傷が生じたとしても、認知症を発症しないというケースも考えられます。

　こうしたケースは理論上のものだけでなく、実際にその実在を示すと考えられる事例が確認されています。

　認知症関連の研究でよく引用される研究例の一つに、「ナン・スタディ」があります。これは、ノートルダム教育修道女会の協力のもと、北アメリカの各管区の修道院で暮らす高齢のシスター、計678名を対象に、加齢と健康、特にアルツハイマー病との関係を調べるという、大規模な研究のことです。

　ナン・スタディは、1986年の予備的研究から始まり、現在でも調査・分析が継続されています。参加者は毎年一回、身体能力と精神機能の検査を受けます。そして、参加者は死んだ後に脳を剖検のために提供することになります。

　ここでは、スノウドン（2004）の『100歳の美しい脳—アルツハイマー病解明に手をさしのべた修道女たち—』から、いくつかの事例を引用しておきます。

・シスター・バーナデットのケース

　シスター・バーナデットは1990年代半ばに、重度の心臓発作で死去した。病理検査の結果、脳の重さは1020グラムで、ぎりぎり正常の範囲。だが、顕微鏡で細かく調べると、アルツハイマー病の明らかな証拠が広範囲に存在していた。海馬と新皮質に神経原繊維変化があり、それは前頭葉にまで達していた。新皮質にはプラークもたくさんできていて、プラーク分類でステージⅥと診断された。これはアルツハイマーの最も重い状態である。それにもかかわらず、精神能力、身体能力いずれのテストでも、シスター・バーナデットの得点は正常の範囲内であった。ナン・スタディの検査は、81歳、83歳、84歳のときに計三回受けているが、いずれも高得点で、

知的能力が衰えている徴候はみじんも見られなかった。新皮質にはプラークと神経原繊維変化がたくさんできていたのに、その部分の働きはほぼ無傷で保たれていた。

・シスター・メアリーのケース

　シスター・メアリーは、1994年に大腸がんで死去した。101歳だった。生前の彼女にはアルツハイマー病の症状がまったく見られなかった。101歳になった直後の検査でも、ボストン・ネーミング・テストでは、15種類のうち9種類の名前を言いあて、実物を見て行うオブジェクト・ネーミング・テストでは12個中8個を言いあてた。短期記憶も平均を上回っており、遅延単語想起テストでは10個の単語のうち5個まで思い出した。MMSE（Mini Mental State Examination）は30点満点で27点だった。しかし、病理検査の結果、彼女の脳は、重さが870グラムしかなかった。それはこの時点までに解剖した117例の中で、6番目の軽さだった。また、彼女の脳は、海馬にできた神経原繊維変化が、平均の三倍近くに達していた。

　ここに引用した事例は、ナン・スタディのごく一部で、他にもこれに類似したケースはあります。その数は特別に多いわけではありませんが、無視できるほど少ないわけでもありません。

　彼女たちは、脳には明らかな異常が認められ、アルツハイマー病にかかっていることは確かであるにもかかわらず、認知症の症状が現れていません。

　このような事態がなぜ起こるのでしょうか。ナン・スタディに関わる研究者は、脳細胞が活性化して、その容量が増えることで、機能維持に必要な余力をもつことができるためと推測していますが、これもやはり脳に偏った見方ということができます。

　認知症にならなかったシスターに共通しているのは、若い頃から規則正しい生活を送るとともに、明確な目的意識を持ち、その実現に向けて積極的に

活動を行い、それを晩年に至るまで持続させていたことです。

　彼女たちは、歳をとっても好奇心を絶やさずに、新しい知識や技能を積極的に取り入れようとしていました。常に人生に目的を持ち続けて、新しいことに挑戦しようとすることで、精神的な張りを保ち続けていました。こうした彼女たちの生き方が、認知症を遠ざけていたのです。

　こうしたことを、脳の活性化などというただの一言で片づけるべきではありません。人の生き方とは、その人がもつ心の在り方の反映に他ならないもので、心がどういった状態にあるかが、とても重要な意味をもつことになります。人の生き方を脳の状態から判断するなど、できることではありませんし、すべきことでもないのです。

　そして、心の在り方を考察するのは、やはり心理学の役目でしょう。心理学モデルを用いることで、彼女たちの心の状態について、より具体的で、より詳細に検討することができるようになります。

　認知症を発症しなかったシスターに共通するのは、精神的なバランスが非常に高い水準で保たれているという点です。これによって、彼女たちの自我―人格機能は最大限のパフォーマンスを発揮していたと考えられます。

　修道院で生活する上では、厳しい戒律や規則に従うことが求められますが、ただ大人しくルールに従うだけの毎日を過ごすだけでは、「他己」に偏った生き方となってしまいます。

　実際に、シスターの中には「他己」が豊かな反面、「自己」の働きが弱いといったタイプの人が少なからずいます。このタイプの人は、穏やかで優しい性質をもつことが多く、周囲の人からも慕われやすいのですが、自他のバランスという点では問題を抱えてもいます。

　こうした人は、残念ながら認知症を回避した中には入っていません（ただし、このタイプの人は認知症を発症しても、重い心理症状が出るようなことはなく、周囲との関係性も良好のままであることが多いようです）。

　「他己」が豊かであるだけでなく、同時に「自己」の働きも高い人は、他

者や社会のために積極的に貢献することを自らの生き甲斐として、活発に活動しています。認知症を回避することができたシスターは皆、そうした自他のバランスが高度にとれた生き方をしていたのです。

　自分の置かれた環境や、巡り合わせなど、いろいろな要因が重なることで、高水準に維持された自我―人格機能の働きが、彼女たちを認知症の脅威から救っていたのです。この事例は、認知症の予防と向き合う上で、非常に価値のあるものと言えるでしょう。

　人間のもつ精神や心の働きは、その人の行動全てに大きな影響を与えています。心がもつ力はとても大きなもので、それは時として身体から受ける影響を超えることがあります。アルツハイマー病が進行していながら、認知症を発症しなかったシスター達は、そうした心の力がもつ可能性を示しているのです。

第五章　認知症の介護

　認知症の介護を行う上で重要なポイントとなるのは、次の３つです。

①認知症がどういった性質の病であるのかを正しく把握すること
②把握した性質に基づいて、患者に対する有効なアプローチを確立すること
③確立したアプローチを現場で実践すること

　認知症に限らず、何らかの病にかかった患者に対して、質の高い介護を行うためには、その病がどういった性質をもつのかを、正しく把握しておく必要があります。これができていなければ、どういった方針に沿って介護を行うべきであるのかが見えてこないからです。

　そして、病に対する理解とは、身体のどの部分に問題が起きているかを知ることがすべてというわけではありません。病にかかったことで、患者の精神や心理といった内的な部分に、どういった影響が出ているかを知ることも重要となります。

　人間にとって、身体と心は表裏一体のものであり、両者を切り離して考えることはできません。身体面に異常が発生すれば、心理面にも何らかの影響が及ぶことになりますし、逆に心理面に何らかの異常があれば、身体面にも悪影響が出ることになります。

　病を患うことで心理的に不安定になって、気分が落ち込んだりイライラしたり、やる気を失ったりするといったことは、誰にでも経験があることでしょう。また、強い心理的ストレスを受けることで、不整脈や偏頭痛が起こったり、胃潰瘍や狭心症などを発症するといったこともあります。

　どのような病であっても、身体面の異常だけで完結するようなものはなく、

その影響は必ず心理面にも及んでいます。当然のことですが、病にかかった患者への介護は、そうした心理面への影響まで把握した上で行う必要があります。

そして、認知症のように、患者の心理面に見られる変化や変調にこそ病の中核があるケースでは、それが特に重要になってきます。

病にかかった患者は、通常とは異なる心理状態におかれることになります。その通常の状態との違いが何であるかを正しく把握しなければ、患者の変化に対して適切な対応をとることはできません。そして、介護の要諦とは、まさにこの変化への対応にこそあると言うことができるのです。

第一節　認知症患者の特徴

それでは、認知症という病は、患者の心理面にどのような影響を与えるものなのでしょうか。大きく分ければ、それは以下の３つにまとめることができます。

1　自我―人格機能の働きが障害を受ける
2　認知―言語機能の働きが低下する
3　情動―感情機能が非常にバランスが悪い状態のまま機能している

1．自我―人格機能の障害について

まず把握しておかなければならないことは、認知症という病の本質は、自我―人格機能の働きが障害を受けることにあるという点です。

自我―人格機能が障害を受けると、自分をうまくコントロールすることができなくなります。これは、ただ身体を思うように動かせなくなるといったことではなく、「自分」というものを形成していた枠組みが崩れてしまうことで、行動の目的を見失い、精神全体の統合が損なわれて、行為の一貫性が

なくなった状態に陥ることを示しています。

　目的性の保持ができなくなることで、今自分が何をしようとしているか、何をすべきなのか、その実現には何が必要か、どういった順序で行動することが適切なのかといったことが、判然としなくなります。

　そのために、作業などで単純なミスを何度も繰り返したり、手順を間違えたり、あるいは自分が何をしているかが突然わからなくなってパニックを起こしたり、途方に暮れたりするといったことが頻繁に起こるようになります。

　また、行為の目的に関するはっきりした自覚が失われてしまうことで、行動全般が不規則になり、唐突にそれまでの流れを無視した言動を行ったりするようになります。順序立てた行動指針を定めたり、計画を立てることができないために、効率的に作業するといったことができませんし、無駄なことに多くの時間を費やしたりします。

　先のことを見据えて我慢したり、辛抱するといったこともできなくなり、衝動的な行動をとることも増えます。明確な目標がないので、より本能的に自らの欲求や情緒、その時々の気分のままに動くようになり、それを抑制することもできなくなります。

　さらに、自分が何をしているかわからないということは、自身の行動を客観視することができなくなっていることを示しています。同時にそれは、自分の行為を振り返って評価したり、反省することができない状態にあることを示しています。このために、何度でも同じ失敗を繰り返しますし、行動の見直しや改善を図ることもできません。

　これらに加えて、精神の統合性を失うことで、行動時に認知―言語機能や感覚―運動機能、情動―感情機能といった諸機能をうまくまとめることができなくなります。

　このために、本来もっている力を十分に発揮することができず、感覚器に異常はないのに情報をうまく知覚できなかったり、水準以上の身体能力はあるのに簡単な作業をこなせなかったり、作業中に突然やる気を失って活動を

止めたりするといったことが、頻繁に起こるようになります。

　また、各機能の統合が崩れているために、自分自身の状態を正しく把握することも難しくなり、身体に麻痺した部分があっても、それを認識することができず、他者から指摘されてもかたくなに認めないといったことも起こります。

　さらに、精神機能のまとまりが失われてしまうことで、人柄や性格といったような、その人らしさを形成する一貫性が失われてしまいます。

　このために、普段は大人しい人が、突然乱暴な振る舞いをするようになったり、明るかった人が別人のように暗く沈みがちになったりするといったことが起こるようになります。また、行動傾向も非常に不規則なものとなり、周囲からすれば予測のつきにくい、複雑なパターンを示すようになります。

　このように、自我―人格機能が障害を受けることで生じる症状は多岐に渡ります。その中でも、最も分かりやすい形で現れ、また介護を行う上で特に問題となりやすいのは、我慢や辛抱ができないという点です。

　認知症の患者は、何らかの目的に沿って、理性的に行動を制御することができませんし、自身の行動が他者の迷惑や負担になるのではないかといったことを配慮して自制することもできません。

　このために、食欲や性欲を感じれば、周囲の状況や他者の事情に関係なく、ただちに満たそうと試みるようになりますし、それができなければ気分を害して、苛立ちや腹立ちをはっきりと態度で表すようになります。

　不平や不満を隠すといったこともなく、些細なことで暴言を吐いたりしますし、不安や心配を感じれば、周囲に対して繰り返し愚痴を並べたりします。また、一人にされることを嫌がって片時も離れようとしなくなったり、身体的な接触を過剰に求めたりすることもあります。

　こうした状態は、例えば、深酒をしてひどく酔った状態が比較的近いと言えます。酩酊状態になると、抑制や判断力が低下しますが、これはアルコールの影響によって自我―人格機能が一時的に麻痺したために起こっています。

　普段は理性的に振る舞っている人であっても、酔った状態だと、欲求の赴くまま衝動的に行動したり、緊張感のないだらしない姿を見せたりすることがあります。

　それは時として別人かと思えるほどの違いであったりしますが、本当に別人格と入れ替わったわけではありません。自我―人格機能がうまく働かずに、行動の統制ができなくなることは、まるで別人になってしまったと錯覚させるほどの変化をもたらすということです。

　酒に酔って失敗した経験のある人であれば、酔いが醒めた後に、何故あんな事をしてしまったのかと後悔した経験もあることでしょう。

　自分の欲求を抑えることができませんし、そもそも抑えようという気すらなくなります。言わなくてもよいことを言い、しなくてもよいことをしてしまいます。その後のことなど考えずに、他者に迷惑や苦労をかけることに対して心の痛みを感じたりすることもありません。あるいは、自分がしてしまったこと自体を忘れてしまい、他者からそれを指摘されても受け入れることができないといったこともあります。

　完全に同じというわけではありませんが、自我―人格機能の働きが障害を受けた状況とは、こうした状態がずっと続いているものと考えればわかりやすいでしょう。

　認知症の患者は、衝動的に行動する一方で、自身の行動に対する反省や後悔といったものはなく、周囲への迷惑を顧みることもありません。注意されてもそれを素直に受け入れたりはせず、行動を改めることもありません。言うまでもなく、これらは介護を行う上では非常に厄介な性質となります。

　患者と近しい関係にある人であっても、今までとの態度の違いの大きさに戸惑い、悩まされることになります。むしろ、親しい間柄であるほど、まるで別人のような振る舞いをする患者に強い違和感を感じてしまい、違いを受け入れることがいっそう難しくなるかもしれません。

　自我―人格機能の障害による自己コントロールの喪失とは、行動統制や抑

制が効かなくなることにとどまらず、その人がもつ特有の性質や行動傾向を維持することが困難になることが、重要なポイントです。

つまり、自我―人格機能の働きが障害を受けるということは、患者がこれまで保持してきたその人らしさが急速に失われ、ある意味では、これまでとは違う別人になってしまうことを意味しています。

それは、過去の記憶が失われることが原因ではなく、より重要な、その人の「たましい」とでも呼べる部分が失われることで起こる現象なのです（したがって、記憶を可能な限り保つといった手段では阻止することができません）。

その人を構成する個々のパーツが無事であったとしても、それらがきちんと一つに統合されなければ、その人らしさは失われてしまいます。認知症の介護を行う上では、「自分」というものを保つことができなくなった患者に対して、どのように対応するかという点が重要な課題となります。

2. 認知―言語機能の低下について

認知症という病の本質は、あくまでも自我―人格機能の働きが障害を受けることにあります。ただし、それと平行する形で、自我―人格機能以外の領域、特に認知―言語機能に関しても、作用水準が低下していきます。そして、それは病の進行とともに徐々に（あるいは急激に）悪化していきます。

認知―言語機能の働きが低下することで、認知症の患者は、新しいことを憶えることが困難になり、以前のことを思い出すことも難しくなります。また、直近の記憶が抜け落ちるといったことも起こります。物や人の名前がすぐに出てこなくなったり、知っているはずの言葉の意味がわからなくなることもあります。物忘れが多くなり、持ち物の置き忘れやしまい忘れが目立つようになります。

理解力や判断力も低下して、物事の理解に時間がかかったり、一度に複数のことを言われると混乱したりします。曖昧であったり、ある程度推測が必要な表現は理解が困難になりますし、瞬時に判断を下すことも難しくなりま

す。

　これらの症状は、認知症に特有というわけではなく、通常の老化に伴う認知―言語機能の衰えによっても見られるものです（進行速度という点で違いはありますが）。したがって、これらの症状が、認知症という病の核の部分を構成しているわけではありません。

　ただし、介護を行う上では、患者の認知―言語機能が低下していることは、きちんと把握しておくべき重要なポイントとなります。この機能が低下しているということは、その分だけ、患者に介護側の意図や考えが伝わりにくいことを意味しているからです。

　加えて、認知症患者は、高齢者であることがほとんどですので、感覚―運動機能についても年齢相応に衰えています。このために、目が悪くて小さな文字が読めなかったり、見間違ったりしたり、耳が遠いために相手の言葉をうまく聞き取れなかったり、聞き間違いをしたりすることも度々あります。

　記憶力や理解力の低下に視力や聴力の衰えが合わさることで、自分の周囲に対する認識力はかなり減少することになります。こうした状態にある患者に対して、健常者に対するような接し方をしていると、不要なトラブルを起こす原因になることがあります。

　例えば、何気なく横方向や後ろから患者に近づいたりした場合、患者は認識範囲が狭まっているので、接近に気づくことができず、ひどく驚くといったことが起こります。こうしたとき、患者は突然話しかけられたことに不快感を示して、腹を立てたり、介護を受けることを拒否するといったこともあります。

　また、小さい声や早口をうまく聞き取ることができないために、結果として相手を無視することになってしまったり、あるいは遠回しな言い方や軽い冗談などが理解できず、誤解や曲解が生じることで関係が悪化することもあります。

　患者側と介護側の間で、スムーズな意志疎通ができないことは、そのまま

介護上のトラブルが生じる要因を増やすことにつながるので、この点はしっかりと把握しておく必要があります。

　ここで一つ注意しておかなければならないのは、認知—言語機能や感覚—運動機能といったものは、他者とコミュニケーションを行う際には、互いの心を伝えるための「手段」としての役割をもつということです。

　「あたま」や「からだ」といったものは、互いの「こころ」を伝え合うための方法の一つであって、コミュニケーションの本質そのものではありません。したがって、患者の側でこれらの働きが低下しても、介護側がそれを考慮した働きかけを行うことで、コミュニケーションを図ることは可能です。

　それでも、そうした機能低下が円滑なコミュニケーションを妨げることも事実ですから、介護する側はこのことを常に配慮して患者への働きかけを行う必要があります。

3. 情動—感情機能のバランスの悪さについて

　認知症では、自我—人格機能の働きが障害を受けることに加えて、認知—言語機能の働きも早期から低下していきます。さらに、患者が高齢者であれば、感覚—運動機能にも衰えが目立つようになります。

　そうして精神の多くの領域に機能不全が起こる中で、情動—感情機能の働きに関しては、かなり後期まで残ることになります。

　つまり、「あたま」や「からだ」の働きが衰えることで、出力や入力に不具合が生じたり、また「たましい」が定形を維持できずにだんだんと崩れていくことで、従来の人柄や性格を保つことができなくなっていますが、そうした中でも、患者の「こころ」は依然として生きているということです。

　言うまでもなく、人間にとって「こころ」の働きは、精神機能の中で最も重要なものの一つであり、これが残っていることは喜ぶべき事に違いありません。

　しかし、認知症患者の場合には、単純にそうとは言えない事情があります。

その理由は、認知症患者に共通して見られる情動—感情機能の作用バランスの悪さにあります。

　認知症を発症した人は、情動—感情機能自体は生きていても、情動と感情のバランスが全くとれておらず、どちらか一方に大きく偏って作用しています。このために、「こころ」は非常に不安定な状態となっています。

　情動と感情のどちら側に偏るかは、ランダムに決定されるというわけではなく、現代における認知症患者の場合、ほとんどのケースにおいて、情動側の働きが強く感情側の働きが弱い傾向が見られます。ただし、これは認知症という病がもたらしたものというわけではありません。

　認知症では、自我—人格機能の働きが障害を受けることで、自分をコントロールする力が失われます。そのために、情動—感情機能の働きも制御を失ってしまい、半ば暴走したような状態に陥ることになります。

　そして、暴走というものは、元からある性質を全くの別物に変えるといった種類のものではなく、抑制がきかなくなることで、元の性質がよりはっきりとした極端な形で現れるものです。

　つまり、認知症患者に見られる情動の強さと感情の弱さは、病にかかる以前から、患者自身に備わっていたものであって、病を得たからそうなったというわけではありません。そして、それは彼らが生まれつき持っていた傾向というわけでもありません。

　個々の人がもつ精神機能のバランスがどういった傾向を示すようになるかは、その人がどのような環境に身を置いて、どういったものから影響を受けたかによって決まります。人の心理特性とは、生まれながらに決定されているわけではなく、成育の過程で周囲からの影響を受ける中で形成されるのです。

　現代において、大半の認知症患者が情動側に偏った性質をもつのは、現代社会の在り方や社会の動勢そのものが、自己追求的な傾向が強く、他者志向が弱いことに根本的な原因があると見ることができます。認知症患者の場合

は、自我—人格機能が障害を受けたことで、そうした性質が極端な形で現れているということであって、もともと現代人の多くに情動側が強い傾向が見られるのです。

　個人の心理特性として、情動機能の働きだけが強く、感情機能がほぼ働いていない状態にある場合、総じて非常にエゴイスティックな性質を示すことになります。

　自分の欲求や情緒、気分を優先して行動し、他者への配慮や気遣いといったものは行わないようになります。

　また、むき出しになったエゴは非常に敏感で、些細なことで腹を立てたり、逆にひどく落ち込んだりします。このために、他者に対してひどく傲慢な態度で接したり、攻撃的に振る舞ったり、あるいは逆に他者を疎んじたり、他者との接触を極端に避けようとするようになります。

　欲求を感じれば時間や状況に関係なくそれを満たそうとしますし、喜怒哀楽やその時々の気分のまま衝動的に行動したりします。他者の都合を考えて自分を抑えたりすることはなく、迷惑をかけてもそれを何とも思わなくなります。あらゆる行動が自分本位になされ、そのことを反省することもありません。

　どういった欲求が強く、何に執着するかといったことは、個人によって違いが出てきますが、「こころ」のバランスが情動側に大きく偏った人は、自己中心的な行動を続ける点で共通しています。現代において、認知症の介護を行う場合、対象となる患者はほとんどがそうした性質をもっているので、この点は留意しておく必要があります。

　また、情動—感情機能の働きは、自我—人格機能の働きとの関連性が高く、精神全体の安定性を保つ上でも重要な役割を担っています。

　誰でも経験したことがあると思いますが、何らかのアクシデントやトラブルに遭遇して、ひどく動揺したり、はげしく怒ったり、あるいは傷ついたり落ち込んだりするようなことがあると、不安定な精神状態に陥ってしまい、

冷静な行動をとることが難しくなります。内からわき上がる苛立ちや不安を抑えることができずに、普段とは異なる言動をとったりしてしまいます。こうした状態は、情動—感情機能の乱れが、自我—人格機能の働きに悪影響を与えることによって生じています。

　情動—感情機能は、精神的な安定を保つ上で、土台のような役割を担っているので、この部分に大きな乱れが生じてしまうと、自我—人格機能の働きもそれにつられる形で不安定になってしまいます。「こころ」が乱れて何も手に付かなくなるといった状態は、その典型的な例と言うことができます。

　健常者であれば、ある程度の時間が経てば、自我—人格機能の働きが回復して、それによって情動—感情機能の乱れを修正することで、精神的な安定を取り戻すことができます。

　しかし、認知症患者の場合は、自我—人格機能が障害を受けているために、自力では不安定な状態を脱することができません。さらに、情動—感情機能の働きもひどく偏っているために元々の安定性も低く、些細なきっかけやわずかな状況の変化で、すぐに動揺することになります。

　このように、認知症患者は、二重の意味で精神的な安定を保つことが難しい状態にあります。精神の乱れは、一時的なものでなく恒常的であるために、常に落ち着きが無く、強い不安や苛立ちを抱えており、また自分でそれを抑えることができません。バランスが悪く不安定な「こころ」の状態があり、そこに自我—人格機能の障害が重なることで、患者はいつでもひどく揺れ動いています。

　認知症患者の情動—感情機能は非常に偏った働き方をしており、そのために非常に不安定な状態にあります。これを把握しておくことは、介護活動を行う上での必須事項と言えるでしょう。

第二節　認知症患者へのアプローチ

　それでは、以上に見たような性質をもつ認知症の患者に対して、どのように接することがベストなのでしょうか。基本的な方針としては、以下に示す３つの項目にまとめることができます。

　①障害を受けた自我―人格機能を補助するように働きかける
　②認知―言語機能や感覚―運動機能の作用低下をふまえた接し方を心がける
　③情動―感情機能を通じた働きかけを行うことで、精神的安定を保つこと
　　を優先する

1.　自我―人格機能の補助について

　認知症の患者に対応する際に、まず理解しておかなければならないことは、彼らに対して、身勝手な態度を改めるように指導することや、反省や再考を促したりすること、またこちらの要望や指示に素直に従ってくれることを期待するといったことは、すべて徒労に終わるということです。

　認知症の患者は、自我―人格機能の働きに障害を受けているために、自分をうまくコントロールすることができず、またそうした自分の状態を自覚することもできない状態にあります。

　抑制が失われて、自らの欲求や情緒のままに動こうとする人に対して、約束や規則を持ち出して説得しても効果はありませんし、自身の言動を客観的に評価することができない状態にある人に対して、内省や改善を促しても意味はありません。

　そして、認知症における自我―人格機能の障害は、一時的なものではなく永続的なもので、しかも一度進行が始まってしまえば、これを元に戻す方法はありません。

　最善の対策は、発症そのものを起こさないよう予防に注力することであり、次善の対策は、発症した際には、病の進行速度をできるだけ遅らせる取り組みを行うことになります。

　予防にせよ進行を遅らせるにせよ、鍵となるのは、いかにして自我―人格機能を活性化させるかという点にあります。この具体的な方法については、すでに予防の章で述べていますので、ここでは省略します。

　適切な対処をとることで病の進行をある程度遅らせることはできても、完全に止めることはできないので、介護の現場においては、どうしても自我―人格機能の働きが弱体化した状態にある患者と向き合わなければならなくなります。しかも、患者が機能を回復する見込みはなく、症状は時間が経つごとに悪化していきます。これは、介護側にとっては非常にやっかいな状況といえます。

　こうした状況にあって、介護する側がとるべき行動、担うべき役割とはどのようなものでしょうか。一言でいえば、それは患者の弱体化した自我―人格機能の代替をすることです。

　自我―人格機能の働きは、精神全体の作用に目的性を付与することで、各機能領域の働きを一つに統合し、人柄や性格といった形でまとまった一貫性のある状態を保持するというものです。

　これは、人間の精神を構成する「あたま」や「からだ」、そして「こころ」といったものがバラバラに動かないようにまとめ上げ、その人をその人たらしめる「たましい」を形作る働きということができます。

　当然の事ですが、そうした「たましい」を形作るという働きを、介護者の側ですべて肩代わりすることは不可能です。そこで実際の介護においては、自我―人格機能が担う働きの中でも、主に行動面の自己コントロールに関する部分について、補助を行うことになります。

　自我―人格機能が担う、行動面における自己コントロールの要諦とは、「行うべき事をきちんと行い、行うべきではないことをしない」ということ

に集約されます。

　具体的には、自分の置かれている状況において、また先々のことを考慮して、今自分が行うべき事は何であるのかを明確に自覚して、実行することです。

　行動を起こす際には複数の選択肢があることが常ですが、その中から優先すべきは何であるかを正しく判断することが重要になります。無駄な行動を避けて、より効率的で、合理的な進め方はどういったものであるかを探り、やるべきことを計画的に進めていくことも必要になります。

　また、実際の行動時に、自分の思うように「あたま」や「からだ」を使うことができるか。目的の実現を目指して、思考や言語を使いこなすことができるか。各感覚器から得られた情報を正しく知覚して、自分がイメージする通りに身体を運動させることができるか。うまくいかないときには、その原因を突き止め、修正することができるか。

　さらに、自分のやろうとしていることに対して、欲求や情緒、気分といったものをきちんと制御することができるか。行うべき事に対して、強い意欲をもち、それを持続させることができるか。倦まず弛まず安定して作業を続けたり、苦しい場面でも投げ出さずに辛抱強く耐えることができるか。

　これらのことをきちんとこなすことが、「行うべき事を行うことができる」ということです。

　逆に、自分が置かれている状況において、行うべきではないことをきちんと拒否したり、我慢したりすることができるか。他者に対して暴力をふるったり、暴言を吐いたりしていないか。人の物を盗んだり、嘘をついて騙したりしていないか。自身の欲求のまま暴飲、暴食をしたり、飲酒や性欲、賭博といったものに溺れたりしていないか。状況に流されて悪事に荷担したり、意欲がわかずに怠惰な生活を送ったりしていないか。

　これらのことをきちんと守ることが、「行うべきではないことをしない」ということです。

　誰であっても、行うべき事を行い、行うべきではないことをしないことを、常に持続することは、とても難しいことです。人の精神は決して強固なものではなく、いつでも適度に揺らいでいます。そのために、いくつかの悪条件が重なるだけで、簡単に不安定な状態に陥ってしまいますし、自分から望んでするわけではなくとも、結果として間違いを犯すこともあります。それでも、それを最低限こなすことは、健全な社会生活を送る上では欠かすことができないものです。

　老若男女を問わず、社会の中できちんと適応できている人であれば、大小様々な目的を持って生きているものですし、その実現のために、可能な範囲で自身の「あたま」や「からだ」を有効に用いています。

　日々の生活の中では、トラブルやアクシデントに見舞われることも少なくありませんが、辛いことや苦しいことがあっても、ある程度は我慢することができますし、もし途中で投げ出したとしても、時間が経てば活動を再開させて、立て直しを図ることができます。

　また、してはならないことに対しては、自分でもそれが悪いことであると理解していれば積極的に行ったりはしないものですし、状況に流されたり、様々な事情からやむなくすることはあるとしても、そのことに罪悪感を感じたり、拒否反応を示したりします。自らの失敗を反省して、それを次の機会に活かすことで改善を図ったりもします。

　こうしたことは、多くの人が特別に意識することもなく、ごく自然に、当たり前のこととして行っていることでもあります。それは、自我―人格機能が正常に働いていることによるものであり、逆に言えば、自我―人格機能がうまく働かない状態に陥ってしまうと、それまで当たり前のようにしていたこともできなくなってしまうのです。

　そして、認知症の患者は、自我―人格機能が障害を受けています。このために、通常の状態であれば行うことができて当然のことが、できなくなってしまった状態にあります。そこで、彼らの介護を行う上では、その本来は誰

もができるはずの部分を、介護側が補う必要があるのです。

　患者の行動面をサポートする上で考慮すべきポイントとなるのは、自我―人格機能の主な働きである、目的性、統合性、一貫性の保持です。

　まず目的性についてですが、認知症の患者は、あらゆる行動に際して、目的性の保持がうまくできない状態にあります。そのために、現在の状況に即して自分が何をやるべきかが判然としていませんし、またしてはならないことについても、よく分からなくなっています。

　加えて、何らかの活動をしている最中でも、行為の目的を見失うことで、自分が何をしようとしているかがわからなくなって、パニック状態に陥ることもあります。

　こうした事態を避けるには、介護側から患者が現在行うべき事を随時提示することが有効となります。

　状況に応じて、具体的でかつ実行可能な目標を設定して、その達成を目指すように働きかけを行います（食事や着替えといった身辺自立に関することも目標に含まれます）。

　設定する目標は、いくつもの工程を含むような複雑なものは避けて、できる限り単純で理解しやすいものにします。複数の工程が必要になるものは、いくつかの段階に分けて、一つずつ別個に行うようにします。

　また、行動の途中であっても目的を見失ってしまうことがあるので、行動の目的がいつでも再確認できるような工夫をしたり、すぐに患者に目的を提示できるような態勢を整えておくことも有効です。

　健常者であっても、何の目的もなくただぼんやりと過ごすことは、虚脱感に取り付かれるものですし、長時間に渡って退屈な時間を強要されることは苦痛でさえあります。そして、それは認知症の患者であっても変わりません。

　したがって、目的性の保持に問題があるからといって、彼らから活動の機会を奪うべきではありませんし、必要以上に拘束を強めれば、ほぼ間違いなく多くの問題行動を起こすようになります。

　何らかの活動を行うことで得られる充実感は、心理的な安定を保つ上で不可欠のものであり、患者の問題行動を抑制するという点から見ても、彼らの活動そのものを止めさせるべきではありません。

　次に統合性についてですが、認知症の患者は、精神機能全体の統合がうまくいかないことで、自分の思うように「あたま」や「からだ」を働かせることができず、本来の力を十分に発揮することができない状態にあります。そのために、能力的にはできるはずのことをうまくこなせず、また自分がそうした状態にあることを、正しく把握することができません。

　介護を行う上での注意点としては、患者の見かけ上の認知—言語機能や感覚—運動機能の働きを見て、何ができるかを判断しないことや、できるはずのことができないことで、患者を責めてはならないといったことが挙げられます。

　目は見えており、耳も聞こえていますし、話すこともできます。嗅覚や触覚にも大きな問題は見られません。それなのに、認識できるはずのことが認識できておらず、言語化できるはずのことがうまく言葉になりません。知覚できているはずのことを無視したり、できるはずのごく簡単な動作をこなすことができません。そのために、日常生活の様々な場面で支障が出るようになります。

　力があっても、それをうまく使いこなすことができなければ、力がない状態と大差ありません。思うようにコントロールできない能力は、活動の助けではなく妨げとなることもあるので、介護側はこの点を留意してサポートを行う必要があります。

　患者の内面で起こっている精神機能の統合不全を、外部からの働きかけで修正することは難しいので、介護側ができることは、主に患者に見られる行動上の不備を補うことに限られます。

　簡単な作業や単純な動作であっても、患者がうまくこなせないようであれば、これをサポートして滞りなく活動できるようにします。その際には、介

護側ですべてやろうとするのではなく、患者自身の自発的な活動を促しながら、それがスムーズに進むように手助けする形をとることが望ましいと言えます。

こうしたやり方自体は、認知症以外の一般的な介護で行うものと違いはありません。患者が困っていればこれを援助するのは、介護の基本です。違うのは、認知症のケースでは想定外の部分で様々なトラブルが起こりやすいという点であり、介護側はこれを警戒しておく必要があります。

次に一貫性の保持についてですが、認知症患者に見られる統合性の問題は、「あたま」や「からだ」といった機械的、能力的な側面だけでなく、「こころ」の領域にも及んでいます。

このために、設定された目的に対して、最後までやり遂げようとする意欲が伴わなかったり、活動中に突然やる気を失ったり、脈絡無く全く別のことをし始めたりするといったことが起こります。こうした突発的な「こころ」の変化が、行動や態度における一貫性の喪失という形で、表に現れることになります。

情動機能の働きである欲求や情緒といったものは、活動をする際の重要なエネルギー源であり、これらに大きな乱れがある場合には、活動を安定して続けることが難しくなります。

認知症患者は、精神の統合が崩れていることに加えて、もともと情動―感情機能の作用バランスが悪い状態にあることも重なって、活動のエネルギーを維持することが、とても困難になっています。

また、どのような活動であっても、それを続ける上ではある程度の辛抱や我慢といったものが必要になりますが、認知症患者は忍耐力という部分でも大きな問題を抱えています。このために、根気や粘り強さがなく、少しでも気に障ることや嫌なことがあれば、すぐに活動を止めてしまうといったことが起こります。

たとえ、介護側が活動の目的を明確に提示して、それがスムーズに進むよ

うに適切なサポートを行ったとしても、情動―感情機能の働きが乱れてし
まっては、行動の一貫性を維持することは難しくなります。したがって、こ
れを改善するには、患者の「こころ」を安定させることが重要になってきま
す。この詳細については、後の「情動―感情機能への働きかけ」の項で行い
ます。

2. 認知―言語機能と感覚―運動機能の低下への対応

　認知症の患者は、精神の統合に障害が出ているために、認知―言語機能や
感覚―運動機能が本来の力を発揮できない状態にあります。これに加えて、
認知―言語機能は病の進行に伴ってどんどん働きが悪くなっていきますし、
感覚―運動機能についても、年齢相応の衰えが目立つようになっています。

　これらが組み合わさることで、認知症の患者は、介護側の意図や思惑と
いったものを正確に理解することが難しい状態にあります。

　このために、介護側が患者のためを思い、彼らの手助けをしようと働きか
けを行っても、患者にはそうした意図が伝わらず、自分の邪魔をしたり、危
害を加えようとしているのではないかと誤解してしまうといったことが起こ
ります。

　こうしたことが繰り返されると、患者は介護者に対して不信感をもつよう
になりますし、介護側も患者に対して悪感情を抱くようになってしまいます。
そうして相互の人間関係が険悪なものになっていくと、介護活動全般に支障
が出ることになります。

　こうした事態を避けるには、介護側が、患者がこちらの意図を理解しにく
い状態にあることを把握した上で、彼らが理解しやすい形で働きかけを行う
ことが必要になります。

　具体的には、患者の認識力の低下に配慮して、背後や側面から近づくので
はなく、常に正面側から近づくようにします。相手がこちらに気づくまで話
しかけず、また会話の際には、相手が聞き取りやすいように大きな声でゆっ

くりと話しかけます。身体に触れる必要がある場面では、不用意に接触したりせず、あらかじめ身体に触れることを知らせておくようにします。身体を動かす際には、患者を怖がらせたり不快感を与えないように、乱雑に扱うことは避けて、ゆっくりと動かします。

　また、理解力の低下にも配慮して、難しい言い回しや難解な表現、曖昧で意味を取り違えやすい言葉を使わないようにします。騒がしい場所で会話したり、早口でまくしたてること、また大人数で話しかけることは避けるようにします。患者に何らかの指示を与えるような場合には、一度に多くのことを説明するのではなく、何回かに分けて一つずつ順番に説明するようにします。

　これらは介護時に配慮すべき点のごく一部を示したにすぎませんが、いずれも専門的な知識や難しい技術が要求されるようなものではなく、少しの注意力と気配りがあれば誰にでもできることです。そして、認知症の患者だけに向けられた専用の方法というわけでもなく、高齢者を対象とした介護活動では、基本的な手法の一つと言うことができます。

　相手の状態に合わせて対応することは介護の基本であり、患者の認知―言語機能や感覚―運動機能に作用低下が見られるような場合、それに合わせた働きかけを行うことは当然のことです。

　違いがあるとすれば、認知症患者の場合は、通常の高齢者と比較して、我慢や辛抱をすることが難しい状態になっているので、意志疎通の不備から些細な行き違いがあった場合、すぐに大きなトラブルに発展する可能性が高いということがあります。このために、介護側にはより慎重な行動が求められることになります。

　また、病の進行具合によっては、能力的な低下が急激に起こることもありますが、そうした際には、患者の状態を注視して、状態に応じて接し方を変えていく必要も出てきます。認知症の患者は、常に精神が不安定な状態にあるために、介護側はこれを念頭においた対応が求められることになります。

　患者との意志疎通という部分で付け加えるなら、本来的には、コミュニケーションとは一方通行的なものではなく、双方向に開かれたものです。自分の言い分だけを一方的に押しつけるようなことは正しいコミュニケーションの在り方とは言えず、互いに相手を思いやり、相手の立場や考えに配慮することで円滑な交流が成立します。

　しかし、認知症の患者は自分をうまくコントロールすることができないために、相手に合わせて自分の言動を調整するといったことができなくなっています。患者側がこれを改善することはほぼ不可能なので、その埋め合わせは介護側が行うことになります。

　患者は介護者に配慮した言動を行うことはなく、一方的に自分の要求や欲求を介護者にぶつけるようになるので、介護側が受け手に回り、うまくバランスをとらなければ、コミュニケーション自体が成立しなくなってしまいます。

　患者の「あたま」や「からだ」の機能低下に対応した働きかけを、どれだけ丁寧に行ったとしても、こうした患者の心理状態への理解ができていないと、良好な関係を維持することができず、結局はうまくいかないといったことになりかねません。

　見落としてはならないのは、機能低下に対応した働きかけとは、どこまでもコミュニケーションを円滑に進めるための「手段」であって、それ以上のものではないということです。

　最も重要なことは、患者がどういった心理状態におかれているかを正しく把握して、これをできるだけ良好な状態で維持するにはどうすればよいかを理解することです。それができてはじめて、機能低下に対応した働きかけは効力を発揮することになります。患者の心理状態への配慮を欠いてしまえば、どれだけ「手段」を洗練させても問題が発生してしまうので注意が必要です。

　認知症も後期になれば、自分の介護をしてくれる相手が誰であるのかすらわからない状態になり、意識自体も混濁してきます。この段階になると、日

常生活を補助するための介護というより、生命維持に向けた医療活動のほう
が中心となってきます。

　それでも、認知症の発症からこの段階に至るまでには、十分な時間が残さ
れていることが多いので、その時間を患者がどのような心境で過ごすかとい
う点で、介護の果たす役割と責任は大きいと言えます。

　なお、実践上の具体的な方法論としては、「ユマニチュード」を参照する
ことが有効だと考えられます。これについては、関連する論文を参考論文と
して掲載しておきます。

3. 情動―感情機能への働きかけについて

　認知症を発症すると、自我―人格機能が障害を受けますが、基本的にこれ
を回復させる手段はありません。そして、認知―言語機能や感覚―運動機能
に見られる機能低下も同様に回復させることはできず、これらの働きが元の
水準にまで戻ることはありません。

　すでに失われた、または失われつつある機能の回復が見込めないというこ
とは、必然的に、介護ではまだ失われていない機能への働きかけが重要にな
ることを示しています。

　そして、認知症患者に残されているのは情動―感情機能、つまり「こころ」
の働きであり、この領域への働きかけをどのように行うかによって、認知症
の介護状況は大きく変わることになります。

　それでは具体的にどういった働きかけを行うべきでしょうか。

　一言でいえば、それは患者の「こころ」を適度に満たすことで、可能な限
り精神的に安定した状態を維持することです。

　基本的な姿勢として、介護や看護をスムーズに行う上では、患者との関係
を良好に保つことが欠かせません。患者と介護者の間にもめ事が生じている
ような場合、どれだけ優れた方法で介護を行ったとしても、うまくはいかな
いからです。そして、患者との関係を維持していく上で必要となるのが、患

者の精神状態をできるだけ安定した状態に保つことなのです。

　通常であれば、それは自我—人格機能が担うべき役割なのですが、認知症患者のそれは障害を受けてしまっています。このために、患者が自力で安定した状態を保つことは難しくなります。リハビリテーションによって、自我—人格機能の働きを回復させるといったことにも期待はできないので、別の手段をとる必要が出てきます。

　そこで重要になるのが、情動—感情機能への働きかけです。前章において、自我—人格機能が安定的に働くためには情動—感情機能がバランスよく働く必要があると述べました。情動—感情機能の働きは、健全な精神活動が行われるための基盤ともいえるものであり、この機能が安定して働いているかどうかが、その人の精神状態を大きく左右することになります。

　人間のもつ知性や理性といったものに、より大きな価値を見出している人は、「あたま」で考えることが健全な精神活動を行う上で重要になると考えているかもしれません。

　しかし、「あたま」を働かせることで安定した状態を保とうとしても（平静を保とうと「あたま」で考えても）、「こころ」が乱れて強い不安や焦燥を抱えているような状況では、良好な精神状態を保つことは難しくなります。むしろ、「こころ」の乱れに引っ張られる形で、「あたま」もうまく働かなくなる可能性が高くなります。

　普段は冷静な人であっても、焦っているときには考えがまとまらなくなったりしますし、不安になったときにはネガティブな考えにとらわれるものです。「あたま」も「こころ」も、どちらも人間にとっては欠かすことのできない重要な領域ですが、精神の安定という点では、「こころ」の働きがより大きな意味をもつと言えます。

　認知症患者の場合は、情動—感情機能は生きてはいるものの、作用バランスが非常に悪い状態にあるために、残念ながら、本当の意味での精神的安定を図ることは望めません。精神的安定を盤石にするためには、情動機能と感

情機能がともに高いレベルで働いていることが必要となるからです。

　しかし、バランスが悪いことを前提として、介護側がそれに応じた働きかけを行うことで、かなりの程度の安定化を期待することはできます。限界はありますが、対処法は残されているということです。

　認知症患者の情動─感情機能がどういった作用バランスをしているかは、病の影響ではなく、その人自身がこれまでの人生の中で重ねた経験や、周囲の環境から受けた影響によって決まります。そして、現代社会は全体的な傾向として、自己追求的な風潮が強いために、その影響を強く受ける形で、現代における認知症患者の大部分は、情動側に偏った働きをしていると考えられます。したがって、介護を行う上では、情動機能への働きかけが中心となります。

　情動機能の主な働きとしては、欲求、情緒、気分の３つがあります。これらに共通する特徴は、自分に閉じた心の働きということです。

　欲求にせよ、情緒にせよ、気分にせよ、その方向性は自分に対して向けられており、他者に対して開かれたものではありません。自らの欲求を満たすために他者の存在を必要としたり、情緒を他者に対して発露したり、他者と気分を共有することを望むといったことはありますが、それらはどこまでも自分を満足させるために行っていることです。こうした場合、他者の存在とは、自らの情動を満たすための手段や道具としての意味しかもちません。

　人間は本来、こうした自分に閉じた心とは別に、他者に開かれた心（＝感情機能）も併せ持っています。他者に心を開き、その心を感じることで、他者の喜びを我が事のように感じ、他者の悲しみを我が事のように感じることができます。他者が喜ぶ様子を見て、自分もまた喜びや嬉しさを感じます。それによって、ごく自然に他者を喜ばせたいという思いを抱くようになります。こうした思いが、他者のために何かしてあげよう、何かしてあげたいという動機となります。それは打算や利己心とは全く別のものです。

　また、他者が悲しむ様子を見て、自分もまた悲しみや痛みを感じることで、

他者を悲しませたくないという思いを抱くようになります。こうした思いが、他者に迷惑をかけまいとする動機になり、身勝手な行動を抑制する上で、重要な役割を果たすことになるのです。

　情動機能の働きは、いわば己が生きようとする力そのものであり、そのエネルギーは非常に強いものです。それだけに、これを高い水準で自制するためには、対となる感情機能の働きが不可欠になります。

　感情機能の働きとは別に、認知機能の働きによる、分別や損得計算といったものにも、ある程度、自制の効果は見込めます。ただし、自分のために行う自制とは、自らの都合次第で簡単に破られるものであることを忘れてはならないでしょう。

　理性や知性といったものの力を信じている、あるいは信じたいと考えている人は多いのですが、現実にはそれらに無条件に信用できるほどの力があるわけではないので、注意が必要です。

　認知症患者が、身勝手な行動やわがままな振る舞いをしたり、自己中心的な性質を示すのは、彼らの認知能力が弱まったからではありません。それは、自己コントロールの力が弱まることで、情動機能の働きが暴走しているために起こっています。

　そして、これを抑制することができる力を持つ、自我―人格機能と感情機能の働きはともに弱体化してしまっています。

　こうした状況にある認知症患者を安定した状態に保つためには、彼らの情動機能の働きを適度に満足させることが、ほとんど唯一の有効な手段となります。

　欲求を満足させたときや、あるいは喜びや楽しさ、快さといったポジティブな情緒を感じたとき、明るい気分や和やかな気分に浸っているときなど、満足感や充実感を得ているとき、「こころ」は満たされて安らぎを感じることができます。そして、「こころ」が満たされることで精神的な安定を保つことができるようになります。

　逆に、欲求をうまく満足させることができないときや、あるいは怒りや悲しさ、不快さといったネガティブな情緒を感じたとき、暗い気分や気持ちが沈んでいるときなど、不満や苦悩を得ているときには、「こころ」は満ち足りず、苛立ちや不安を感じるようになります。そして、「こころ」の乱れは精神全体を不安定なものとしてしまいます。

　したがって、認知症患者への対処法としては、患者の情動を満足させることを基本的な方針とすることになります。

　介護者には、患者の欲求を満足させて、情緒を穏やかに保ち、気分を落ち着けるように働きかけることが求められます。満たされた状態を維持することができれば、患者の精神はかなり安定した状態を保つことができます。患者の情動を適度に満たすことで「こころ」の安定を図り、これによって自我―人格機能の障害によってもたらされる精神全体の不安定さを緩和するというわけです。

　ただし、ここで注意しなければならないのは、情動の満足というものは、すべて一時的なものでしかないという点です。

　欲求を満たしても、それによって得た充足感はいつまでも続くわけではなく、しばらくすればまた新たな飢えが生じてきます。喜びや楽しさといった情緒も、ずっと継続したりはせず、徐々に薄れていくものです。気分に至っては、わずかなきっかけですぐに変わってしまうことが多いものです。

　なかでも、欲求はどれだけ満たしても、それで終わりということがなく、すぐに次の欲求がわき上がってきます。まるで穴のあいたバケツのように、どれだけ容器を一杯にしても、しばらくするとまた空っぽになってしまいます。そして、さらにやっかいなことに、欲求は満たし続けていると、徐々に同じ水準のものでは満足できなくなり、よりよいものを欲するようになるという性質があります。

　欲求を満たすことで得られる充足感は一時のものであり、しばらくすれば失われてしまいます。そこで、次々に欲求を満たし続ける必要が出てくるの

ですが、うまく満たすことができなければ、充足感を得るどころか逆に不快感が生じて、それが不安や焦燥に結びついてしまうこともあります。そして、うまく満たし続けることができたとしても、欲求はどんどんとエスカレートしていくために、いずれは物足りなさや不満を抱くようになるのです。

　このように、欲求を満たして充足感を得ることはできるにしても、そして、それによってある程度「こころ」を落ち着かせることができるとしても、この方法は万全ではありません。

　しかし、認知症患者には、これ以外に有効なアプローチがないので、この方法をとらざるを得ないのです。これさえやっておけば間違いないといったものではないので、この点はよく認識しておく必要があります。

　基本的な対応としては、患者からの様々な要求に対して、簡単に満たすことのできるものであれば、速やかに満たして、不満を感じないようにします。しかし、答えることが難しい要求や、患者のためにならない要求に対しては、やんわりと拒否するか、代替のものを見つけます。患者ごとに何を欲しがる傾向にあるかを把握しておき、あらかじめ応えるラインを明確に設けておくと、いざというときに慌てなくてすむでしょう。

　認知症患者は、自我―人格機能が障害を受けていることに加えて、「他者の心を感じるこころ」である感情機能の働きにも問題があるために、彼らがする要求には遠慮というものが無く、際限もありません。その全てに応えることは到底できることではありませんし、またすべきでもありません。いくら患者が切実に求めたとしても、過剰な欲求は害悪となるからです。

　食欲を満たすことは生きる上で不可欠であるとはいえ、満たしすぎれば体調の悪化や健康不良につながります。性欲や優越欲といったものも、すべてを是認してしまえば社会的な規範や秩序を乱すことになってしまいます。過剰な欲求の追求は逸脱行為につながるので、欲求を満足させることが精神の安定につながるからといって、すべてを容認すべきではありません。大切なことは、どこまで許容するかの線引きをしっかり行うことです。

　本来、こうしたことは、本人の自我─人格機能の働きが果たすべき役割なのですが、認知症患者にはそれができません。したがって、介護する側がその代役を担う必要があります。

　欲求が満たされて、情緒や気分が落ち着いている間は、患者の精神状態は比較的安定した状態を保つことができます。しかし、要求がとおらず欲求不満になると、途端に強い不安や苛立ちが生じてきて、精神状態は不安定なものとなります。それまで上機嫌でいた患者が、些細なきっかけから急に暴れ出すようなこともあります。

　これは実現不可能な要求や、患者のために行うべきではない要求を断った際にも起こることなので、ずっと避け続けることは難しくなります。

　そもそも、認知症患者は基本的に精神が不安定な状態にあります。彼らは常時、不安や焦燥感を感じており、落ち着きを欠いています。そのために、特に理由もなくイライラしたり、逆に落ち込んだりします。

　健常者にも見られることですが、何らかのトラブルに見舞われて強い不安や焦燥を感じたとき、これをすぐに解消するような手段が見つからない場合、その代替として安易な欲求の充足を図ることがあります。

　例えば、普段はしないような大食いをしたり、大酒を飲んで騒いだり、あるいは性欲をひたすらに満足させようとしたりと、そうした欲求を満たして一時的な充足感を得ることで、何とか落ち着きを取り戻そうとします。それはもちろん、一時しのぎにすぎませんが、他に手段がなければこれにすがるしかなくなります。

　健常者の場合は、そうした安易な欲求充足に走ることが、根本的な対処法にはならないことを自覚できていますし、欲求が満たされることである程度余裕やゆとりが生まれれば、自我─人格機能の働きによって、不安や焦燥を抑え込み、自力で冷静さを取り戻すこともできます。

　しかし、認知症患者は自我─人格機能が障害を受けているので、いつまでも不安や焦燥を解消することができません。そのために、自身の欲求を満足

させることに非常に強い執着心をもつことになります。健常者にとっては一時しのぎの代替手段であるとしても、認知症患者にとっては、自分を安定させるためのほとんど唯一の手段であるからです。

　健常者であっても、自我─人格機能の働きが弱い人であれば、欲求の充足に溺れてしまい、元の状態を取り戻すことができなくなることがあります。

　食欲に歯止めがかからずに肥満になったり、酒に溺れてアルコール依存症になったり、あるいはパチンコや競馬といったギャンブルに入れ込んで経済的に破綻してしまったり、性欲を抑えられず大きなトラブルを抱えたりといったように、自分をコントロールする力が弱いと、欲求をうまく抑えることができず暴走させてしまうことになります。

　悪いことだとわかっていても、ついしてしまう。止めるべきだと知っているのに、ついしてしまう。それはおそらく誰にでも身に覚えのあることでしょう。

　自我─人格機能がきちんと働いている人であっても、いつでも完全に自分をコントロールしきれるわけではありません。そうして自己コントロールを失敗する度に、何らかの問題や困難を抱えてしまい、苦い思いをしたという経験も、多くの人がしているに違いありません。

　そして、認知症患者の場合は、常に自分をコントロールすることができない状態にあります。これがどれだけやっかいな状態かは、あらためて言うまでもないでしょう。

　認知症患者は、明確に意識して自分を制御するといったことはできません。内からわき上がってくる衝動を抑制することもできませんし、計画性のある行動をとることもできません。それは頑張りが足りないとかやる気がないということ以前の問題であって、自己コントロールの向上を認知症の患者に対して求めることは、水の上を沈まないように走れと指示することに等しいということを理解しておかなければなりません。

　一方で、自分をコントロールするということは、他の動物には決してでき

ない、人間だけが可能なことであり、同時に人間らしい生き方をする上では不可欠のものでもあります。したがって、自己コントロールができない状態にあるからといって、これをそのまま放置するべきではありません。自己コントロールができない状態のまま、何の対処もせずに放っておけば、患者自身はもとより、介護者を含めた周囲にいる人々にも大きな悪影響が出ることは免れないからです。

認知症患者の「こころ」のコントロールに関しては、彼らの情動機能に対して介護者が積極的な働きかけを行い、欲求、情緒、気分を適度に満足させることによって、「こころ」の安定化を図ることが、基本的なスタンスとなります。ただし、欲求の充足には限りが無く、認知症患者は自身の欲求を際限なく求めようとするので、介護側がこれにブレーキをかけてやることが必要になります。

ブレーキをかける際には、強制や強要といった形をとるのではなく、できるだけやんわりと止めることを心がけて、言葉や態度が強くなりすぎないよう気をつける必要があります。たとえ行うことが正しいことであるとしても、それが高圧的な姿勢や横柄な態度で行われたものであれば、相手は強く反発して、素直に指示に従うことはなくなってしまいます。その結果、禁止されたことに一層執着して、ブレーキをかけるどころか、かえって欲求を煽ることにもなりかねません。これでは本末転倒です。

認知症患者は基本的に不安定な精神状態にあり、いつも漠然とした不安や焦りを抱えているので、介護側はこれをよく理解した上で、常に穏やかな態度で接することが求められます（ただし、患者が危険なことをするような場合や非常時には、強い態度で抑えることも必要です）。

また、認知症患者は自分というものをしっかりと保つことができなくなっているために、周囲からの影響をより強く受けてしまう状態にあります。このために、介護側が冷静さを失い、粗暴な振る舞いをしてしまうと、それに呼応する形で患者側も介護者に暴言を吐いたり、暴力的な態度に出たりする

ようになります。こうなると、患者と介護者の関係は破綻してしまい、介護活動を続けることが困難になってしまいます。

　患者が問題行動を起こす根本的な原因は、もちろん認知症という病に求められますが、介護活動の中でそれがあまりに頻繁に起こるような場合には、介護側にも原因の一端があることが考えられます。実際に、問題行動のすべてが病によるものとは限らないのであり、逆に言えば、介護側の対応次第では、患者の問題行動を大きく減少させることも可能なのです。

　暴走しがちな欲求については、適度に満たしつつ、うまくブレーキをかけることで対応します。情緒については、怒りや悲しみといったマイナスのものはできるだけ遠ざけ、喜びや楽しさといったプラスのものを感じられる時間が増えるように働きかけることが重要となります。

　また、気分については、暗い気分になることを避け、明るく和やかな気分で過ごすことができるように働きかけることが求められます。

　喜びや楽しさ、明るさといったポジティブな情緒や気分は、心に活力や余裕を与えて、精神的安定をもたらしてくれます。一方で、怒りや悲しみ、暗さといったネガティブな情緒や気分は、心に停滞や圧迫感を与えて、精神的に不安定な状態をもたらすことになります。

　ポジティブな情緒や気分を保つことは、おおむね精神面によい効果をもたらし、ネガティブな情緒や気分に陥ることは、精神面に悪い効果をもたらします。

　逆に、精神的に安定していれば、自然とポジティブな情緒や気分がわき上がってきますし、精神的に不安定な状態にあるときには、勝手にネガティブな情緒や気分に浸食されることになります。

　こうしたメカニズムについては、健常者でも認知症患者でも違いはありません。違うのは、認知症の患者は、苛立ちや焦燥を感じたり、憂鬱な気分になったとき、自力では解消することができないという点です。

　健常者の場合は、ネガティブな情緒や気分に陥ったとき、これを自覚する

204

ことで主体的な解消を図ることができます。

　たとえば、仕事やプライベートで嫌なことや困ったことが起こり、イライラしたり落ち込んだりしたときには、静かな場所でリラックスしたり、好きな本や映画、音楽を鑑賞したり、スポーツで体を動かしたり、親しい人と遊んだりといったことで、気分転換を図ろうとします。そして、ある程度気持ちを持ち直すことができれば、精神的な健康を取り戻すことができます。

　これに対して、認知症患者は、自分の状態に合わせて気分転換などを行い、ネガティブな状態を解消するといったことができません。このために、そのまま放置してしまうと、ネガティブな状態がいつまでも続くことになります。したがって、認知症患者に対しては、介護側が配慮してうまく気分転換を図ってやる必要があります。

　欲求の過剰な充足に依存しないように、適度にブレーキをかけつつ、患者の好むことや、喜ぶことをさせてみたり、リラックスできる環境を整えたり、楽しい気分になれるような働きかけを行ったり、そうして患者にポジティブな状態を維持できるようにすることが重要になります。

　認知症の患者は、失敗やトラブルから状態を持ち直すことが非常に不得手ですが、これと同様に、自身の精神状態を復帰させることについても、うまく行うことができません。こうした問題に加えて、自分というものの核が失われることで、些細なことでもネガティブな状態に陥りやすいという弱みも抱えています。

　介護側はこうした状況をよく理解した上で、患者ができるだけネガティブな状態にならないように、またなってしまったときには、その状態をできるだけ早く解消できるよう、積極的に働きかけることが重要になります。

第三節　介護者に求められるもの

　ここまで、認知症の介護に関する基本的な考え方について述べてきました。

認知症の患者は、病によって多くのものを失っており、その結果、非常に不安定な状態にあります。そして、自力でこの状態から脱することもできないので、これをそのまま放置すれば、様々な問題行動を起こすことになります。

そこで、介護者は患者に対して積極的に介入して、彼らができるだけ安定した状態を保つことができるように働きかけることが必要となります。

認知症患者は、主体的に自らの状態を改善させることはできませんが、周囲の環境から影響を受ける形で、受動的に状態を改善することはできます。したがって、介護側の主な役割は、患者ができるだけ安定した状態を維持できるように、適切な環境を整えるといったものになります。

そして、患者を取り巻く環境の中でも、最も重要な要素となるのが、他ならぬ「介護者自身」ということになります。

認知症の介護においては、介護者は患者が病によって失ったものを代替して、補助することが求められます。介護者が患者が失ったものをよく補うことができれば、患者の状態は改善されますし、うまく補うことができなければ、患者の状態は次第に（あるいは急激に）悪化していくことになります。

介護者の果たす役割は非常に重要と言えますが、この際に見落としてはならないのは、介護者が患者を補助するためには、彼らが失ったものを介護者が有していることが前提になるという点です。

認知症患者は、病を患うことで自我―人格機能が障害を受けています。加えて、認知―言語機能や感覚―運動機能の働きも低下していますし、情動―感情機能の作用バランスも非常に悪くなっています。これらが組み合わさることで、患者は様々な問題行動を起こすことになるのですが、介護者がそれにうまく対応するためには、介護者自身の各精神機能領域が、高い水準で働いている必要があります。

中でも、特に重要になるのが、自我―人格機能と情動―感情機能です。これら２つの領域がよく働いていることは、認知症患者の介護を行うための必須条件と言えます。

206

　認知症患者は、自我―人格機能が障害を受けており、自己コントロールができない状態にあります。このために、目的性・統合性・一貫性の保持がうまくいかず、行動面において多くの問題が生じてしまいます。こうした状態にある患者をサポートする上では、介護側が彼らの自我―人格機能の働きを代替する必要が出てきます。

　そして、これをうまく進めるためには、介護者の自我―人格機能が高い水準で働いていることが求められるのです。

　目的性を失うことで、自分が今何をすべきかがわからない患者に対して、優先して行うべき事を提示し、その実行を補助する。統合性を失うことで、自分の思うような行動がとれない患者に対して、何がうまくいっていないかを素早く察知して手助けする。一貫性を失うことで、不規則な行為をとりがちな患者に対して、適切な軌道修正を行うことで安定化を図る。

　こうした状況に応じた対応は、介護者が自身の自我―人格機能を高い水準で働かせることで、はじめて可能になります。

　もし介護者の自我―人格機能の働きが一定の水準にとどいていなければ、患者の起こす問題行動に対して適切な対処をすることができず、事態を悪化させる可能性が高くなります。

　トラブルやアクシデントといったものが起こらず、ルーチンワークのように、手順や手続きが決まり切った作業を行う上では、自我―人格機能の働きはそれほど必要ではありません。そうした作業では、やるべきことが単純で明確であり、答えのはっきりしない曖昧な状況の中で難しい判断を迫られたり、ストレスのかかる厳しい決断を強いられるといったことがないからです。

　しかし、認知症の介護では、何をするか予測のつきにくい患者に対応することが求められます。

　どれだけ注意していたとしても、またあらかじめ対策を立てていたとしても、患者が予期しないトラブルやアクシデントを起こす可能性をゼロにすることはできないので、難しい判断を迫られる場面がどうしても出てきます。

そうした際に適切な処置を行うには、介護者が高い水準で自我─人格機能を働かせる必要があるのです。

　自我─人格機能の働きが低い場合でも、経験を積むことである程度の対応はできるようになります。失敗を繰り返す中でも、それを糧として徐々に向上していくことは可能ですし、そうした進歩の過程は人間的に価値のあるものでもあります。

　ただし、それが結果に結びつくには、多くの失敗と多くの時間を費やすことが必要となります。そして、認知症の介護に関しては、残念ながらそれを許容できるだけの余裕がないケースがほとんどです。

　認知症患者は、非常に不安定な状態にあるために、彼らへの対応を何度も間違ってしまうと、患者との関係はあっという間に悪化して、修復不可能な段階まで進んでしまいます。いくら介護者にやる気があったとしても、患者から拒絶されてしまうと、介護活動を続けることはできなくなります。

　認知症の介護では、失敗をリカバリーすることも難しく、可能な限り正しい行動をとり続けることが求められます。

　そして、そのためには自分というものをよくコントロールして、集中力や自制心を維持し続けなければなりません。この点からも、介護者の自我─人格機能の働きが、高い水準で働いていることが非常に重要になると言えます。

　また、認知症の患者は、情動機能が暴走する傾向にあるために、自身の欲求や情動の赴くままに身勝手な振る舞いをしたり、介護者に対して無茶な要求をしたりします。そして、そうした行動を制止されたとき、介護者に対して攻撃的な態度をとることも少なくありません。

　そうした状況になったとき、介護者がすぐに動揺して取り乱したり、相手の理不尽な態度に我慢できず怒り出したりしてしまうと、介護活動は成り立たなくなってしまいます。

　認知症患者が、我慢や辛抱といったものができなくなっているのに対して、介護者は我慢や辛抱をしなければならない場面はどうしても多くなります。

　ストレスのかかる状況にあっても落ち着きを失わず、行うべきことを放棄しない。相手の情動に容易に感化されたりせず、平常心を保つ。思うようにいかないことがあっても、強い忍耐力をもって辛抱強く事に当たる。

　こうしたことは、介護者が精神的に安定しており、かつ自己コントロールができていることで、はじめて可能になります。そして、そのためには介護者の自我―人格機能が高い水準で働いており、自分というものをしっかりと保つ必要があるのです。

　もう一つのポイントとして、認知症患者の介護を行う上では、介護者の情動―感情機能がよく働いていることが重要になります。

　認知症患者は情動―感情機能の作用バランスが悪く、ほとんどの場合、情動機能の働きだけがよく、感情機能はほぼ働いていない状態にあります。この作用バランスの悪さを介護者の側でうまく補うためには、介護者自身の情動―感情機能、特に感情機能がよく働いている必要があります。

　感情機能は、他者に開かれた「こころ」の働きであり、「他者の心を感じるこころ」と呼べるものです。感情機能がきちんと働くことで、相手の情動の動きを感じ取ることができるようになり（「認識」や「理解」ではありません）、また感じるだけでなくそれを自分のものとして受け入れることができるようになります。

　他者が喜んでいれば、その喜びを我が事のように感じますし、他者が悲しんでいれば、その悲しみを我が事のように感じます。他者が楽しそうにしていれば、自然と自分も嬉しくなり、他者が辛そうにしていれば、自然と自分も気持ちが沈みます。それは、「あたま」で相手の気持ちを推測することとは、全く別の働きです。

　自分と相手の双方が自らの心を開き、互いに情動を共有することで「こころ」を通じ合わせることが、人間におけるコミュニケーションの根幹であり、良好な人間関係を構築するための基盤となります。

　コミュニケーションに関して、言語を用いたやり取りが最も重要と捉える

人がいますが、言語とはどこまでも「こころ」の伝達を円滑にするための手段の一つであって、本質ではありません。

　実際に、言語が通じない相手とコミュニケーションが全くとれないかといえば、そんなことはありませんし、互いに深く通じ合っていれば、言語を用いなくても多くのことが分かることもあります。

　逆に、どれだけ多くの言葉を交わしても、そこに「こころ」の通い合いがなければ、互いのことを本当に理解することはできませんし、強固な関係性を構築することもできません。

　人間的なつながりを結び、これを維持していくためには、相手と「こころ」を通じ合わせることが肝要であり、そのためには「他者の心を感じるこころ」である、感情機能の働きが不可欠となるのです。

　認知症の患者の多くは、この感情機能の働きが著しく弱いために、他者の心を感じることができない状態にあります。そのために、他者と喜びや悲しみを共有することができませんし、「こころ」を通じ合わせることもできません。これは、正しい意味でのコミュニケーションをとることが困難であることを意味しています。

　そこで、こうした状態にある患者に対しては、情動機能への働きかけを通じて、精神的安定を図る必要が出てくるのですが、これをスムーズに行うには、介護者の感情機能がよく働いていることが必須の条件となります。

　患者の言動に常に関心を寄せて、彼らが何を望んでいるか、どういった心情にあるか、どんな気分でいるかを敏感に感じ取ります。これができなければ、患者の情動に沿った対応を行うことはできませんし、そうなれば患者の状態を安定させることもできません。

　認知症の患者は、相手の状態や周囲の状況に合わせて行動を変えるといったことができません。そのために、介護側が患者の意向を汲んで動く必要があります。そして、それは患者の情動の動きをきちんと把握することで、はじめて可能になります。

　患者がどういった状態にあるかを「あたま」で推測することはできるとしても、実際の介護においては、それだけでは十分ではありません。良質な介護を行う上では、患者の情動を理解すると同時に、彼らの感じる喜びや悲しみを共有して、これを積極的に受け入れることが必要となるからです。

　患者の心に寄り添い、共感し、受容する。彼らが感じているであろう苦悩や不安、苛立ちといったものに深い同情をよせる。そうしたことができて、はじめて患者への対応をスムーズに行うことができるようになります。

　ただでさえ変わりやすい患者の心理状態を、一々「あたま」で考えて理解しようとしていては、どうしても対応が遅れてしまいますし、誤った認識や判断をする可能性も増えてしまいます。

　そもそも「こころ」の動きとは「あたま」で理解するようなものではありません。理屈を抜きにして、自らの「こころ」を通じて、自然と感じ取るものです。認知機能の働きですべてを把握できると考えることは、知的能力に対する過信にすぎないので、注意しなければなりません。

　介護者のもつ感情機能、「他者の心を感じるこころ」が豊かであれば、患者の情動の動きを素早く正確に把握することができますし、患者の情動に共感して、これを受け入れることで、どのように対応すべきかも自ずと見えてきます。

　また、「他者の心を感じるこころ」があることで、相手の気持ちを酌むことができるようになり、相手への配慮や思いやり、やさしさといったものが生まれます。それらは、介護活動を行う上で欠かすことのできないものです。

　もし、介護者の感情機能の働きが悪い場合には、患者の情動の動きを正しく感じることができず、また相手に対する配慮や心遣いがうまくできないために、患者の情動を満たすことが難しくなります。そうなれば、患者に不満がたまることで、問題行動を起こす可能性を高めてしまうことになります。

　こうしたことに加えて、情動―感情機能の役割としてもう一つ重要なものに、自身の精神的安定を維持するというものがあります。自己コントロール

を司るのは、あくまでも自我―人格機能の働きですが、この機能が十全に働くには、情動―感情機能が安定して働いていることが必要になります。

　情動―感情機能が安定した状態とは、情動機能と感情機能の作用バランスがとれた状態を指します。情動機能と感情機能、どちらに偏っても「こころ」は不安定になり、わずかなことでも動揺しやすくなります。

　認知症患者への介護を行う上では、どうしてもトラブルやアクシデントが起きやすく、介護者がストレスを感じる場面が多くなります。そうしたとき、「こころ」が不安定な状態では、ストレスに耐えることができず、介護活動を続けることが難しくなってしまいます。

　したがって、認知症患者への介護を継続的に行うには、ストレスにある程度耐えることができるだけの精神的な強さをもつことも必要になります。そして、その条件を満たすためには、情動機能と感情機能の作用バランスがとれており、「こころ」が安定していることが重要になります。

　勘違いしてはならないのは、ストレスに耐える精神的な強さとは、情動やエゴの強さとイコールではないという点です。

　情動機能が高い水準で働いている人は、欲求が強く情緒が豊かで、自己主張的な面が目立つことが多く、そのために自分というものをしっかりともっているという印象を受けやすいものです。そうしたタイプの人は、精神的にタフであり、少しのことではへこたれないと見られることが多いですし、本人も自分は精神的な強さをもっていると感じていることが多いのです。

　しかし、実際には、そうした情動やエゴの強さは、精神的な強さとは似て非なるものです。情動機能の働きに基づく精神的な安定とは、欲求や情緒をうまく満たすことで維持されるものであって、それらを十分に満たすことができなければ、途端に揺らぎ始めるものでもあります。

　情動機能の働きが強い人は、物事が自分の思い通りに運んでいるときや、またそうできるという自信に満ちあふれているときには、精神的に安定した状態を保つことができます。そして、その状態を維持しているときには、実

際に高いパフォーマンスを発揮することができます。

　しかし、何らかのトラブルに見舞われて自分の思うように事が進まず、自力での状況改善が見込めないような場合には、普段の自信に満ちた態度は失われて、一転してひどく取り乱したり、周囲に当たり散らすといった姿を見せるようになります。

　情動やエゴの強さは、一見して力強いように見えても、決して盤石のものではありません。堅い栗の木が強い風を受ければ根本から折れてしまうように、情動機能の働きだけで支えられた自己は、柔軟性が無く非常に脆い面があります。しっかりしているように見えても、強い負荷がかかれば意外なほどの弱さを露呈することがあるので、注意が必要です。

　認知症の介護では、患者はしばしば自身の欲求や情緒のままに動くので、介護者はその対応に追われる機会が多くなります。患者は決して介護者の思い通りにはなりませんし、無理に従わせようとすれば強く反発してきます。そうした状況になったとき、情動機能だけがよく働いているエゴが強い人では、適切な対応をとることが難しくなりますし、自分の思い通りにならないことが強いストレスとなって、自分自身を追い詰めてしまうこともあります。

　そもそも、情動機能の働きだけが強い人がどれだけストレスに弱いかは、他ならぬ認知症患者がよく示してくれています。

　彼らは情動と感情のバランスが悪く、エゴが非常に強い状態にありますが、それは精神的な強靱さには全く結びついていません。彼らは、わずかなことで腹を立て、落ち着きを失い、攻撃的な振る舞いをします。だからこそ、問題行動をとることが多いのです。

　人間における精神的な強さやタフさとは、エゴの強さによるのではなく、情動と感情のバランスがどういう状態にあるかによって決まります。単純な話として、片足で立つよりも両足で立つ方がはるかに安定するように、情動と感情のどちらか一方だけでなく、両方が高い水準で働いているとき「こころ」は最も安定し、それが見せかけでない本当の意味での精神的な強さを生

み出します。

　認知症患者の不安定な状態を少しでも改善していくには、何よりまず介護者自身の精神が安定していなければなりません。そのためにも、介護者には情動—感情機能がバランスよく働いていることが求められるのです。

　介護のように、人と人とが正面から向き合い、密接な関係性をもつことになる活動においては、最終的には、当事者の精神や心といったものの在り方が問われることになります。

　理論や方法論といったものは、活動の方向性を明確にして、やるべきこととすべきではないことをはっきりさせることで、全体あるいは個別の行動指針を定める上で大きく役立つものです。

　簡単なことであれば、行き当たりばったりでうまくいくこともありますが、困難が予想される活動においては、予め一定の方針や目安を定めて、それを行動の道しるべとすることが重要になります。

　複雑な地勢を勘や経験だけに頼って進んでも、道に迷う危険性が高くなるように、難しい活動に何の用意もなしに取り組むことは褒められることではありません。不慣れな土地を迷うことなく進むには、地図やコンパスが必要であるように、先の見通しの立ちにくい活動を成立させるには、何をすべきかを示す明確な指標が必要となります。そして、介護における理論とは、まさに地図のような役割を果たすものと言うことができます。

　ただし、正確な地図をもったとしても、それだけで誰でもが複雑な地勢を踏破できるわけではないように、理論を修めたからといって、それだけで介護活動を円滑に進めることができるわけではありません。

　介護の対象となるのは、どこまでも一人の人間としての患者であり、介護者もまた一人の人間として彼らと向き合うことになります。

　そして、人と人との関係性の本質とは、互いの「こころ」の交流に他なりません。認知症患者は、「こころ」の働きに大きな乱れが認められますが、それだけに介護者に求められるものは多いのです。

　介護者自身が、自らの情動—感情機能の働きを整えて、自我—人格機能の働きを高めなければ、患者への対応を十分に行うことはできません。何をすべきかを認知機能で把握していても、それを実践するだけの土台がしっかりしていなければ役には立たないのです。

　介護活動を行う上では、活動の指針となる理論と活動を支える精神の在り方とは、車の両輪のような関係にあり、どちらを欠いてもうまくはいきません。

　理論を学ぶことで、自分が何をすべきかを知ることができますし、それと同時に、自らの精神を高め、よりよい自分を目指して研鑽を積むことも必要になります。そうしてはじめて、理論をスムーズに実践に移すことができるようになり、最大限の効果を得ることができるようになるのです。

　介護は決して楽なものではありませんし、楽をしようと考えるようなものでもありません。介護には常に本気で取り組むことが求められるのであり、それには「自分自身を磨く」という意識が不可欠であることを強調しておきたいと思います。

参考論文

ユマニチュードに関する心理学的考察

Ⅰ　はじめに

　近年、認知症ケアの新しい技法として「ユマニチュード」が注目を集めています。ユマニチュード（Humanitude）とは、フランス人のイヴ・ジネスト（Yves Gineste）とロゼット・マレスコッティ（Rosette Marescotti）の二人により作り出されたケアの技法です。

　体育学の教師であった二人は、1979年にフランス文部省から病院職員教育担当者として派遣され、医療施設で働くスタッフの腰痛予防対策に取り組みました。これを契機に、看護や介護の分野に携わることとなり、その後35年間にわたり、医療および介護の現場で小児から高齢者まで幅広い対象者へのケアを実践しました。この経験から構築されたのがユマニチュードです。

　現在、ユマニチュードの普及活動を行うジネスト―マレスコッティ研究所はフランス国内に11の支部をもち、ドイツ、ベルギー、スイス、カナダなどに海外拠点があります。日本でもユマニチュードに対する関心は高まりつつあり、各種メディアに取り上げられるケースも増えてきました。

　ユマニチュードが注目される理由としては、まずこの技法が非常に具体的な技術をもとに組み上げられている点が挙げられるでしょう。

　看護や介護の現場では、抽象的な方法論よりも具体的な技術論のほうが好まれる傾向にあります。現場では人数的にも時間的にも余裕がないケースが多く、そのような状況では、抱えているトラブルを速やかに解消できる手段が強く求められます。現場のそうした望みに、ユマニチュードが提示する技

術論は合致しています。その上で高い効果を期待できるとなれば、注目される理由としては十分と言えるでしょう。

とはいえ、技術論とは有用な技法をむやみに集めたものではありません。一つひとつは有用でも、誤った組み合わせ方をすれば効果が十分に得られないこともありますし、使い方や使いどころを誤ればマイナスの結果を生むこともあります。実践で役立つ技法も、何でも使えばよいというものではなく、明確な指針を定め、それに沿った運用が求められます。

ユマニチュードが有用なのは、それが実践的な技術論であるからだけではありません。それが有用たり得るのは、そこに確固たる「目的」が存在し、それに沿って技術論が体系づけられているためです。

そして、この場合の「目的」とは、単に現状の改善だけを指すのではありません。よりマクロな視点から、ケアを行う上で何を目指し、何のためにケアを行うのか、そういう介護行動の根本原理にまで踏み込んだ内容でなければならないのです。ここがブレてしまっては、安定したケアを行うことはできませんし、一貫性のないケアは介護する者にも介護される者にも、よい結果をもたらしはしないものです。

ユマニチュードが高い評価を受ける背景には、看護や介護をする上で欠かすことのできない、ケアに関する確固たる基本理念が存在すると見なければなりません。それは確立された一個の思想、一個の主義であり、ケアという行為が人としての在り方に深く関わることを考えれば、一個の哲学といってもよいでしょう。

認知症患者にユマニチュードを適用し、十全の効果を得るには、その技術面への習熟はもとより、まずそれがどのような性質の哲学に支えられているかを理解する必要があります。何事も目的性を見失えば失敗します。技術はどこまでも目的実現の手段でしかないことを忘れてはなりません。

以上のような考えのもと、本稿では実践技術として確立されたユマニチュードが、どのような性質の哲学に支えられているのかを、自己・他己双

対理論を用いて考察します。ユマニチュードが実施されるとき、当事者の心理にいかなる動きがあるのか。そこで生じる現象は人にどのような影響を与え、またどういった意味をもつのか。これらを明らかにすることが本稿の目的です。

Ⅱ　ユマニチュードの概要

まずは、ユマニチュードの概要について説明します。

1. ケアのレベル設定

認知症ケアの新技法として注目されつつあるユマニチュードですが、本来は認知症患者だけを対象としたものではありません。認知症や高齢者だけでなく、ケアを必要とするすべての人に使うことができる汎用性の高い技法とされています。

ケアを行うときの基本的な方針として、本田・ジネスト, Y. ・マレスコッティ, R.（2014）は以下の3つを示しています。

①健康の回復を目指す（たとえば肺炎を治す）。
②現在ある機能を保つ（たとえば脳梗塞後の麻痺が進行しないようにする）。
③回復を目指すことも、現在ある機能の維持をすることも困難な場合、できるかぎり穏やかで幸福な状態で最後を迎えられるように、死の瞬間まで寄り添う（たとえば、末期のがんの緩和ケアを行う）。

ケアを行う際には、まずは対象者がどのような状態にあるかを観察し、実態を把握した上で、3つのレベルの中からどれを適用するか決定します。認知症でいえば、初期から中期であれば②が該当し、末期になれば③が該当します。

　重要なことは、相手の状態に応じたケアのレベルを適切に選択することです。誤った評価にもとづくケアは害にもなり得ます。

　たとえば、本当は歩ける人を車椅子で食堂や検査室に連れて行くことは、本来の歩く力を奪うことになります。それが原因で寝たきりにでもなれば、健康状態は急速に悪化してしまいます。大変そうだからと安易に手を貸すことが、結果として本人に害を与えることになってしまうわけです。こうした行為は、ユマニチュードでは厳しく戒められます。

　また、ケアの現場では、治療や医療安全の確保という立場から、患者に抑制を強いることも少なくありません。しかし、それも患者本来の力を奪うのでは、有害で危険な行為となる可能性があります。

　ユマニチュードでは、こうした強制ケアをゼロにすることが目指されています。そして、それを可能とするのが、以下に説明するユマニチュードの技法ということになります。

2. ユマニチュードの4つの柱

　ユマニチュードには、根幹を成す4つの技法があります。①「見る」②「話す」③「触れる」④「立つ」がそれで、これらがユマニチュードの実践上の基本となります。順次解説します。

　まず、①「見る」についてですが、本田ほか（2014）によれば、「見る」という行為が相手に与えるメッセージは、二つに大別されます。一つはポジティブなイメージで、もう一つはネガティブなイメージです。

　具体的には、水平な高さで、正面の位置から、近い距離で、時間的に長く相手を見た時に相手に伝わるのは、優しさや親密さ、信頼、愛情といったポジティブな意味となります。反対に、垂直な高さで（高い位置から見下ろす）、横の位置から、遠い距離で、時間的にとても短く相手を見た場合に伝わるのは、支配や見下し、攻撃、否定、恐れ、自信のなさといったネガティブな意味となります。

　最悪なのは、相手を見ない（無視する）ことで、これは相手に「あなたは
そこに存在しない」というメッセージを発することになります。

　ユマニチュードにおける「見る」技法とは、ごく簡単に言えば、「見る」
という行為を通じて、ケアを受ける人に対してポジティブなメッセージを発
信し、伝えるための技術と言えるでしょう。ポイントは、発信するだけでな
く、それをいかに効率よく伝えるかに力を入れている点にあります。

　たとえば、認知機能が低下している場合、外部からの情報を受け取れる範
囲が狭くなっており、情報の入り口としての視野も狭くなっている可能性が
あります。こうした人に健常者と同じ感覚で接すると、不意をついて驚かせ
たり、おびえさせたりしてしまいます。ケアをする側が、相手を親愛のまな
ざしで見たとしても、それにケアを受ける側が気づかなければ意味はありま
せん。それは無視したのと同じ結果を招いてしまうのです。

　この事態を避けるためにユマニチュードでは、ケアをする人は、ケアを
受ける人の正面から近づき、その視線をつかみに行くことが重要とされます。

　ただ相手の目を見るだけでなく、意識して相手の視界の中に入るような動
線を描きながら近づき、常に相手の視線をとらえるよう顔を動かします。場
合によっては、ベッドを動かし、隙間を作ってでも相手が向いている方へ
行ったりもします。その上で、正面から水平に、近く、長く、見つめること
で、相手にポジティブなメッセージを伝えます。これら一連の行為が、「見
る」技法の基本となります。

　次に②「話す」についてですが、「見る」と同様に、「話す」にもポジティ
ブなイメージを与えるものとネガティブなイメージを与えるものがあります。
優しく穏やかなトーンが前者で、攻撃的で激しいトーンが後者にあたります。
ここでも最悪なのは、相手を無視して話しかけないことで、相手に「あなた
は存在しない」というメッセージを発することになります。

　ユマニチュードでは、相手からの応答がないケースでも、話しかけないと
いう選択肢はありません。それでも、応答がない相手に話しかけ続けること

が難しいのも事実です。

　本田ほか（2014）は、コミュニケーションの原則について次のように述べています。

　「言語によるメッセージを送ると、通常は受取り手から、言語あるいは非言語による意味のある応答（フィードバック）が返ってきます。これはたとえば言葉による返事であったり、相づちを打ったりする行為です。送り手はこのフィードバックを通して相手が自分を理解してくれていると感じます。それが、次に自分が言葉を発するためのエネルギーになっているといってもいいでしょう」。

　認知症患者の場合、相手から意味のある応答が返ってこない、あるいは応答そのものが見られないようなケースも少なくありません。こうしたときには、会話のエネルギーが生み出されず、自然と言葉かけもなくなりがちになります。

　しかし、それでは相手にポジティブなメッセージを伝えることができません。そこで、この問題を解消するために、ユマニチュードでは「オートフィードバック」の手法が用いられます。

　これは、相手からの応答を待つのではなく、その場で行っている行為を言葉にして発することで、会話のエネルギーを自分で作り出そうとするものです。ケアの内容を実況中継のような形で表すことで、無言になりがちなケアの場に言葉を生みだします。そこに相手へのポジティブな言葉かけを加えることで、良好な関係を築くための契機にもするわけです。

　次は③「触れる」についてですが、「見る」「話す」と同様に、「触れる」にもポジティブなものとネガティブなものがあります。

　相手にポジティブなメッセージを送る触れ方は、広く、柔らかく、ゆっくり、なでるように、包み込むようにという触れ方で、相手に優しさや喜びを

伝えることができます。

　逆にネガティブな触れ方は、粗暴で拙速、接触面積は小さく、かかる圧力は強く、急激で、つかんだり、ひっかいたり、つねったりといったものです。これらは相手に怒りや葛藤を伝えることになります。

　ケアの現場では、必要だからと不快な印象を与える触れ方を強いることがあります。ユマニチュードでは、それは固く戒められています。本田ほか（2014）は、「他者に依存しケアが必要になった人は、快・不快の情動を頼りに生きています。だからこそ、わたしたちはプロフェッショナルとして、意識的に「広く、優しく、ゆっくり」触れる必要があります」と述べています。

　ユマニチュードの「触れる」行為は決して力づくでは行いません。移動に際して10歳の子ども以上の力を使うことはなく、体の部位を動かす際には、5歳の子ども以上の力を使わないとされています。

　また、触れる際に、体のどの部位をさわるかも重要になります。ペンフィールドの小人（カナダの脳外科医Penfield, W. G. らが、脳の運動野や体性感覚野と体部位との対応関係をもとに描いたこびと）などで表されるように、脳の体性感覚野では情報を受け取る面積の大きさが体の各部によって異なります。手や顔、唇からの情報が占める割合は大きく、逆に体幹や上下肢からの情報が占める割合は小さくなっています。ケアを行うときに、いきなり敏感な手や顔に触っては、相手を驚かせてしまいます。そうした状況を防ぐために、ユマニチュードでは体を触れるときには常に、触れる場所によって伝わる情報が異なることを意識することが求められます。

　最後に④「立つ」についてですが、本田ほか（2014）は、「立つ」という行為の重要性について、次のように述べています。

　『立つことによって、あなたとわたしが互いに同じ人間であるという意識が芽生えます。また空間認知が育まれ、内なる世界と外側の世界があることを知覚できます。歩くことで移動能力を獲得し、「社会における自己」

を認識する関係性を経験し、ひとりの人間であることを認識します。この認識こそが人間の尊厳となります。人間の尊厳は「立つ」ことによってもたらされる側面が強く、これは死の直前まで尊重されなければなりません』。

また、「立つ」ことの生理的メリットについて以下の点を挙げています。

- 骨・関節系……骨に荷重をかけることで骨粗鬆症を防ぐ
- 骨格筋系……立位のための筋肉を使うことで、筋力の低下を防ぐ
- 循環器系……血液の循環状態を改善する
- 呼吸器系……肺の容積を増やすことができる

このように、ユマニチュードでは「立つ」ことを重要視しており、立つことが可能な人に対しては、数十秒ほどのわずかな時間であっても積極的に促していきます。これは、「立たない」ことがもたらす危険性を避けるためでもあります。

立つことができる人に寝たきりの生活を強いると、急速に立つ能力が失われ、ついには自立歩行ができなくなってしまいます。それは介護や看護が生み出す寝たきり状態です。そうさせないために、ケアを受ける人を観察し、清潔さを保つだけでなく、その人の日常的な生活行動に「いかに立位を組み込めるか」を考えることが、ユマニチュードでは重要になります。

以上の４つがユマニチュードを構成する基礎となります。これらをもとにして、実際のケアの手順では、より細やかで具体的な技法が設定されます。
　一例を挙げると、ユマニチュードではケアを始める際に、出会いの準備として次の手順が定められています。

①３回ノック
②３秒待つ
③３回ノック
④３秒待つ
⑤１回ノックしてから部屋に入る
⑥ヘッドボード（寝台の頭を置く側についている飾り板）をノックする

　何回もノックを繰り返す過程は、相手の覚醒水準を徐々に高める効果をもっています。覚醒水準が低い状態にある人や認知機能が低下している状態の人の場合、状況をとっさに理解することが難しいために、不快な関わりのみに意識が集中する可能性があります。そのために、まずは覚醒水準を高めてから話しかけるというステップが設定されています。
　また、ユマニチュードでは、ケアを行う前に患者からケアについての合意を得るプロセスがありますが、その際にも次のような手順が定められています。

①正面から近づく。
②相手の視線をとらえる。
③目があったら２秒以内に話しかける。
④最初から「ケア（仕事）」の話はしない。
⑤体の「プライベートな部分」にいきなり触らない。
⑥ユマニチュードの「見る」「触れる」「話す」の技術を使う。
⑦３分以内に合意がとれなければ、ケアは後にする。

　このように、ユマニチュードではケアの仕方だけでなく、その準備にも非常に細かな手順が設定されています。本稿の目的はユマニチュードの技術的な面への考察ではなく、それを支える哲学の性質を考察することにあるので、

これ以上は取り上げません。しかし、ここに挙げた例からだけでも、ユマニチュードがいかに詳細な技術論として構築されているかがうかがい知れるでしょう。

3. ユマニチュードの哲学

　それでは、こうした詳細な技術論はどのような思想、哲学によって支えられているのでしょうか。

　これまで見てきたように、ユマニチュードの技術論の基本は「ケアをする相手にいかにしてポジティブなイメージを発信し伝えるか」ということに集約されます。

　ポジティブなイメージとは、信頼、優しさ、親密さ、喜び、慈愛、友情、愛情などで、これらはいずれも人と人との関係性、それも密接な交わりの中でのみ生まれるものです。

　ユマニチュード以外の一般的なケアの場合でも、ケアを受ける人との関係を良好に保つことは、当然行われるべきものとされています。そのために、優しさや親密さをもって接するよう指導されます。

　ただし、それは明確な目的意識のもとで形成された方法ではなく、具体的にどのように実行していくのかは、ケアする人がもつ個人の経験則や道徳意識に委ねられているケースが多いのです。

　ケアをする際には、相手に優しく接する必要があることは誰でも知っています。冷淡な態度や高圧的な姿勢で接してはいけないことも、誰でも知っています。それらは、人として当たり前のことだからです。

　しかし、当たり前のことを当たり前のように、誰でもが実行できるかといえば、そんなことはありません。また、当たり前のことだからこそ、逆にそれを実現するためのプロセスを具体化し、厳密に目標化することも、ほとんど行われてこなかったと言えます。

　結果的に、ケアの目標は健康状態の改善や病状の進行阻止、生命維持、安

全管理、快適性の向上といった、患者個人の状態改善が中心となり、ケアする側とケアを受ける側との人間関係は、目標達成を円滑に進めるための副次的な役割しか持たされていないというケースが多く見られます。

　これに対して、ユマニチュードでは、人と人との関係性こそを最重要のテーマとしています。

　ユマニチュードにおけるケアの技法とは、効率的な状態改善を目指して構成されたものではありません。ケアを受ける人とケアをする人の間に、いかにして良好な関係性を構築するかを目指して構成されています。その根底にあるのは、人と人との関係性の中にこそ人間らしさ、人間性が存在するという思想です。

　人間には、動物と同じく、食べる、飲む、呼吸する、排泄する、動くといった基本的な欲求があります。それを満たすことは大事なことで、ケアを行う際にも十分に配慮する必要があります。

　しかし、そうした欲求を満たすことだけがケアの目的ではありません。本田ほか（2014）は次のように述べています。

　『人間の、動物の部分である基本的欲求に関してのみケアを行う人は「人間を専門とする獣医」です。人にケアをするにあたって、自分が獣医でありたいと願う人は多くはないでしょう。人間の特性に対してケアを行うことによって初めて、「人間を専門とする獣医」ではなく「人のためにケアをする人」になることができます』。

　動物が持ち得ない人間だけの特性、人間が有する独自性というものがあります。通常、それはホモ・サピエンス（知性人）、ホモ・エコノミクス（経済人）、ホモ・ファベル（工作人）などの用語に示されるように、人間のもつ知的能力の高さに着目することがほとんどです。

　しかし、本田らは、人間だけがもつ他者との関係性の深さに着目していま

す。人間は生まれたとき、自分一人では身の回りのことが何もできません。一人で立つこともできませんし、食べることも、飲むことも、他者の世話を受けなければなりません。つまり、他者に依存して生きている存在です。成長すれば依存する度合いは減るものの、それでも完全に独立して存在できるわけではありません。

　誰であれ、皆何かしら他者のおかげを受けて生き、また他者に何かしらの影響を与えています。人間とは、本質的に他者との関係性の中でしか存在できないものであり、ユマニチュードとは、この「人と人の関係性」に着目したケアの技法なのです。

　本田らのケアに関する哲学は、以下の言葉に集約されるでしょう。

　『ユマニチュードの理念は絆です。人間は相手がいなければ存在できません。あなたがわたしに対して人として尊重した態度をとり、人として尊重して話しかけてくれることによって、わたしは人間となるのです。わたしがここにいるのは、あなたがここにいてくれるからです。逆に、あなたがここにいるのも、わたしがここにいるからです。わたしが誰かをケアするとき、その中心にあるのは「その人」ではありません。ましてや、その人の「病気」ではありません。中心にあるのは、わたしとその人との「絆」です』（本田ほか，2014）。

　近代以降の哲学では、デカルト（Descartes, R.、フランスの哲学者、数学者）の「我思う、故に我あり」式の考え方が支配的で、これは存在の根拠を自分自身に求めるものです。

　しかし、本田らはそうではなく、他者との関係性の中にこそ自分は存在すると主張しています。ここが、ユマニチュードが内包する哲学の最もユニークな点です。

　彼らは、人間は二度誕生すると述べています。一度目は、生物学的な誕生

としての出産です。二度目は、自分が人間であり、周囲の人も自分と同じ人間であると認識する、社会的な誕生です。「周囲から多くの視線、言葉、接触を受け、2本足で立つことで人としての尊厳を獲得し、自分が人間的存在であると認識することができます。つまりこれが第2の誕生です」（本田ほか, 2014）。

　人が他者との関係性によってはじめて人間的存在としていられるというなら、周囲との交わりが失われることは、そのまま人間的存在の危機ということになります。

　高齢者や認知症患者の場合、周囲との関係がうまくいかず、孤立してしまうケースも多くあります。そうなれば、人間として扱われているという感覚は希薄になり、他者との絆を失うことで社会性も喪失してしまいます。それは人として耐え難い、非常に生きづらい状態と言えます。

　しかし、そうした人々に対し、ケアをする側が積極的に関係を結び直そうとすることで、再び人間としての在り方を取り戻すことができます。ユマニチュードではこれを「第3の誕生」と呼んでいます。この第3の誕生をもたらすことが、ケアの最大の目的であり、その実現のためにユマニチュードの技法は生み出されたのす。

Ⅲ　心理学モデルを用いたユマニチュード哲学の考察

　これまで、ユマニチュードの技法とそれを支える哲学について見てきました。哲学や思想とは、特定の目的を目指した大まかな道筋を示すものということができます。さらに、ユマニチュードではそれを実践するための具体的な技法が構築されています。

　ただし、ユマニチュードで示される哲学は、方向性は明確であるものの、それが個々の心理状態にどのような影響をもたらし、どういった作用をもたらすのかまでは明らかにしていません。

　ケアを受ける人にポジティブなイメージを与え、良好な関係性を築くこと。それにより失われつつある人間性を取り戻すこと。これらがユマニチュードの目的とするところですが、そのいずれもが、人間がもつ「心（精神）」の作用と深い結びつきがあります。

　信頼、優しさ、喜びといったポジティブなイメージは、すべて心の働きから生み出されるものですし、良好な関係性は、密接な心のふれあいなくしては生まれないものです。人間特有の性質である人間性もまた個々の心に備わるものです。

　ユマニチュードが人間の在り方、存在の意味にまで踏み込むものであるのなら、人間特有の心理面への考察は不可欠ですし、それがいかなる枠組みで捉えられるのかを提示すべきです。その上で、ユマニチュードが与える心理的影響が明らかになれば、実践面でもより細密な方法論を構築することができるのではないかと考えます。

　以上のような考えのもと、ここからは独自の心理学理論を用いて、ユマニチュードの心理学的考察を行います。

1. モデルと理論

　中塚は、長年にわたる自閉症研究を通して、人間の生存の根本的な在り方を捉え得る「自己・他己双対理論」と、その中で中心的な役割を担う「人間精神の心理学モデル」を構築しています（中塚, 1993 a）。そして、このモデルを様々な精神現象に適用してきました。

　いくつか例を挙げると、①心理学理論の検討（中塚, 1994 c；1994 a）、②二大精神病の解釈（中塚, 1993 b；1994 b）、③発達理論の構築（中塚, 1996）、④コミュニケーションの哲学的・心理学的意味の考察（中塚・上松・木村・大田, 1996；上松・木村・大田・中塚, 1996）、⑤時間論と自閉症児の時間障害に関する考察（中塚・大田・大向・木村・上松, 1997；大田・木村・大向・上松・中塚, 1997）、⑥人権問題、民主主義、憲法問題、教育問題の考察（中塚・岩井・佐々

木，1999；中塚・小川，2000a；中塚・小川，2000b）、などがあります。

　このモデルと理論は、人間存在の真の意味、人間が生きることの真の意味を、心理学的・哲学的に捉えるものであり、そのために、人間が生きて活動すること（肉体的にも精神的にも）には普遍的に応用できるものです。

2.　人間観

　このモデルと理論の根底には、筆者らが抱く人間観があります。この人間観には、進化論者がもつような生物学的な視点はありません。あるのは、精神の在り方に関する哲学的考察です。これは筆者らが、人間という存在の本質が、物質的、生物的な面にではなく、精神的な部分にあると考えているためです。

　それでは、筆者らが人間精神をどのように捉えているかについてですが、簡潔に述べれば、以下の3点に要約されます。

①人間は、自己を主張する側面（＝自己）と、他者に心を向け、他者を尊重する側面（＝他己）の両面をもっている。

②この2つの側面は、相矛盾する性質を持っており、ゆえに人間の精神活動は、自他の統合という弁証法的運動の中で営まれている。

③人間は、自他の間でただ運動するだけでなく、「より善い人生を送りたい」という欲求をもっている。

　若干の解説を行います。筆者らの人間観の根幹は、人間の精神構造が、「自己」と「他己」という2つの相矛盾する弁証法的モーメント（契機）から成り立っている、とする点にあります。

　「自己」とは、自分を主張していこうとする側面です。端的に言えば、「自己に閉じた心」ということができます。

　これに対し、「他己」は、他者に心を向け、他者を尊重しようとする側面

です。こちらは「他者に開かれた心」ということができます。

　この２つの心は、生の営みの中で、一定の均衡を保ちながらも絶えず揺れ動いています。その動きは不安定で、「自己」の側に振れることもあれば、「他己」の側に振れることもあります。そして、こうした内的な心の変動は、諸々の行動として外界に現れます。つまり、筆者らの人間観では、人間が生きるということは、自分自身を追求しようとする内向的な心と、他者や外界を求め指向する外向的な心との、２つのモーメントをもつ「運動」ということになります。

　このような、人間の精神的営みは両モーメントの弁証法的運動とその統合であるという考えから構築されたのが、「自己・他己双対理論」です。

　我々人間の心の内側では、自分を主張しようとする傾向と、他者を求め尊重しようとする傾向とが、絶えずせめぎ合っています。この２つの心は、根本的に方向性を違えるものであり、一方の強化は他方の相対的な弱体化を招くことになります。このために両者のバランスをとることは非常に難しく、多くは偏りを生じさせることになります。逆に言えば、不安定な運動を繰り返す２つの心の微妙な均衡が、各個人の多様な人格や個性、そして行為を形成しているということになります。

　そして、人間は「自己」と「他己」の間でただ運動しているだけでなく、「より善い人生を送りたい」という欲求を持っています。それは、人間が自身の生を自覚し、また死を自覚することができるからこそ、もつ欲求です。

　生に限りがあるからこそ、生を意義あるものにしたいという欲求もわいてきます。より善い、充実した人生を送りたいと願うのです。ここに、人間が生き方を求めなければならない根拠があります。

　自己・他己双対理論では、この「より善い人生を送りたい」という欲求を表す、「自己」と「他己」の２つの命題を次のように措定しています。

　自己モーメントの基本命題……

　人間は、自分自身を知ることを目指して，より善く生きようとする存在
である。

　他己モーメントの基本命題……
　　人間は、法を目指して、より善く社会的であろうとする存在である。

　この命題は、直接的にはソクラテスの哲学から定立されたものです。これ
らの命題の一々の解説は省略します。理論の詳細については、中塚の論文
（1993a）を参照していただければと思います。

3.　人間精神の心理学モデル

　人間観が示すのは、人間性のごく大まかな輪郭でしかありません。これを
現実の現象に適用するためには、より詳細で具体的な枠組みを作る必要があ
ります。その役目を担うのはやはり心理学でしょう。

　そこで、自己・他己双対理論に基づき、人間の精神構造をモデル化したも
のが「人間精神の心理学モデル」（表1・図1）です。

　表1からも明らかなように、このモデルは「自己」「他己」2つのモーメ
ントに5つの精神機能領域を想定した、きわめて独創的なものです。これら
は各水準ごとに弁証法的な統合の中にあることはもちろん、水準間にも統合
が存在します。図1ではそのことを座標として示しています。

　モデルの最下層（中心）にあるのが、無意識層の個人的無意識─集合的無
意識です（以下の説明でも、ハイフンの前が自己モーメント、後が他己モーメント
を指します）。

　前者は、個人が生まれながらに祖先から受け継いだ、自分では意識できな
い遺伝形質や、誰でもが共通にもつ生命維持のための生の衝動などを表して
います。

　後者は、人類が進化の過程で動物を超えて人間らしい特性として得た「無

表1　精神の弁証法的二重性と心理機能（中塚，1994c）

自　我	人　格	統合性・目的性・一貫性
認　知	言　語	知能、知識の創造と蓄積
感　覚	運　動	技能、外界への適応行動
情　動	感　情	通心、内界の心的な処理
個人的無意識	集合的無意識	遺伝形質と生の衝動 人類が共有する無垢なもの

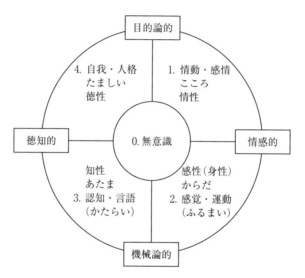

図1　精神機能領域の座標表示（中塚，1994c）

垢なもの」を表しています。それは純粋で無条件な、ひと（他者）への指向性のようなものと考えられます。

　次いで情動―感情（こころ）ですが、前者を従来の心理学用語でいえば、欲求・要求・動因・欲望・衝動・気分・情動、あるいは一般的な言葉であれば自尊心・自己愛・利己心などがここに属します。後者は向社会性がこれに

属し、より一般的には同情心、共感心、思いやり、優しさ、愛他心、利他心などであると言えます。

　次は感覚―運動（からだ）です。感覚はいわゆる五感のことで、従来心理学で使用されてきた通りであり、運動も同様です。

　その次の認知―言語（あたま）ですが、認知に従来の言葉を当てはめれば、判断・創造・思考・抽象・表象・知能・知識などがあります。言語については特に説明を要しないと思われます。

　最後に、精神機能の最上部に位置づく自我―人格機能（たましい）について述べます。

　まず自我は、よりよい自己を意識する心であり、自己の生き甲斐を追求し、実現していこうとする心です。従来の心理学用語でいえば、自己実現の欲求・意図・意志などがこれにあたります。

　次に、人格は、より社会的であろうと意識する心で、社会の要請・期待に従おう、社会に貢献・奉仕しよう、社会を尊重・維持しよう、社会関係を持とう、などといった言葉で表せるものがこれに属します。

　自我―人格機能は、「統合性」、「目的性」、「一貫性」の三つの働きをしており、精神作用全体の指揮官的な役割を果たしています。

4.　ユマニチュード考察

　以上に解説した理論とモデルをもとに、ユマニチュードを考察していきます。

(1)「他己」優位の性質

　まず、ユマニチュードにはその基本的な性質として、理論における「自己」よりも「他己」を優位とした傾向が見られます。

　ユマニチュードの理念である絆、人と人との関係性に着目したケアの技法は、人間がもつ社会性や他者性を重視したもので、そこに自己追求的な性質は見られません。ユマニチュードの目的は、人間同士の関係性を通して、失

われた、または失われつつある人間性を取り戻すことにあるとされています。

　本田らのいう人間性には、他者との関係の中で得られる、自分が人間的存在であるとする認識、実感という意味が含まれています。自己認識という言葉からは、個に閉じた性質を感じさせますが、ユマニチュードの場合、他者を通じて獲得される点が強調されており、個に閉じたというよりは、他者に開かれた心の作用という印象を強く受けます。そこには、よりよく社会的存在であろうとする目的意識が確かに存在しており、これは筆者らの理論における他己モーメントの基本命題に近いものと言えます。

　こうした「他己」優位の考え方は、現代ではなかなか珍しいものです。現代人には、先に挙げたデカルトの人間観が大多数の人に違和感なく受け入れられる程度には、自己重視の傾向が見られます。

　自分という存在を唯一無二のものと捉え、限りある生の時間の中で、精一杯に己がもつ可能性を高めていこうとする立場や、自己実現や自己追求こそが生きる目的であり、そこに人としての価値があるといった考え方は、概ね肯定的にとらえられていますし、教育の場でも推奨することがほとんどです。

　当然と言うべきでしょうか、この種の価値観は介護や看護の現場にも影響を及ぼしています。

　たとえば、高齢者や認知症患者であっても、できる範囲で自己追求をすることがその人の幸せにつながるので、それが可能な環境を整えるべきだとする考え方があります。

　こうした考えの全てが間違いというわけではありません。限りある時間の中で、己の存在を高めていこうとすることは人として価値のある行為ですし、否定すべきものではありません。

　しかし、そうした生き方だけが人の在り方というわけではありません。

　人間は自分一人では決して生きていくことはできず、他者との関係性の中でのみ存在することができます。他者を必要とするのは、それが自分の利益になるからではありません。生まれたばかりの赤ちゃんが他者を無心に探し

求めるように、人は本質的に他者を求めています。他者とふれあい、心を交わすことで、はじめて安定した状態を保つことができるのです。

　こうした社会的存在であろうとする欲求は、自分を高めようとする自己追求とは異なるベクトルをもつものであり、同一視すべきものではありません。

　自己・他己双対理論では、この両者のバランスをとり、統合を図ることが、人間の幸福につながるとしています。どちらか一方だけを重視することは、バランスを崩すことになります。それは人として正しい在り方ではないと考えます。

　本田らが、ケアの現場において人間性の回復を目指す理由は何でしょうか。それは、ケアを受ける人、特に高齢者や認知症患者の場合、他者との関係性が希薄になっているケースが多く、それが原因で社会的存在としての部分が危機に瀕しているからです。

　自宅に閉じこもることで他者と接する機会が著しく減少したり、あるいは病気や障害の影響で他者とのコミュニケーションに不具合が生じてしまうと、個に閉じた心理状態に陥りやすくなります。他者との関係をうまく結ぶことができず、他者を頼ろうにも頼れず、精神的にどんどんと孤立していきます。そうした状態が長く続けば、心は固く閉ざされ、社会性や他者性は失われてしまいます。

　これは、モデルで説明すれば「他己」の働きが著しく弱まり、「自己」の働きが相対的に強化された状態です。精神のバランスは大きく崩れており、不安定な状態に陥ることになります。

　さらに、「自己」が強化された状態では、エゴイスティックな性質が強く表出されるために、周囲に迷惑をかけ、また周囲から敬遠されるようになります。そうなれば、ますます他者との関係性は崩壊していくことになります。これは人として、非常にまずい状態です。

　この状況を改善するには、他者との関係性の中で再び、「他己」の働きを取り戻していく以外にはありません。それには、ユマニチュードが理念とし

ている他者との強い絆が必要不可欠となります。とはいえ、個に閉じてしまった人の側から、周囲へと積極的に働きかけることは困難であるため、周囲の人から働きかけていくことが重要になります。

　ケアの現場で言えば、ケアをする側から積極的なアプローチを行い、ケアを受ける人の心を開き、他者へと関心を向けさせることが求められます。これは、相手が不安定な精神状態であるだけに、容易なことではなく、かなりの労苦が伴うことになります。しかし、人としての在り方を考えた場合、とても価値のある行為であり、ケアの中でも最上の目標と言ことができます。

　ユマニチュードの哲学では、精神構造の具体的な概念化はされていないために、「自己」と「他己」のバランスを図るという考え方はありません。しかし、ケアの対象となる人の置かれた状況を考えれば、それは結果として精神のバランスをとることに貢献していると考えられます。

(2)関係性の本質

　ユマニチュードの最大の特徴は、細密化されたケアの技術にあります。4つの柱を基本とした方法論は非常に具体的で、実践的です。また明確な手順が確立されているので、学習や伝達が行いやすいという利点もあります。

　ただし、いかに優れていようと、ユマニチュードにおける技術とは、他者との関係性を結ぶための「手段」の一つであり、それ以上の役割を負うものではありません。人間関係の本質はまた別のところにあることを、ここでは指摘しておきます。

　ユマニチュードの技法はすべて、ケアを受ける人にポジティブなイメージを与えることを目指して組み上げられたものです。行為の目的は、ポジティブなイメージを与えることにより、良好な関係性を構築することにあります。そして、最終的にはその中で社会的存在としての自覚を取り戻し、人間性を回復させることが目指されます。諸々の技法はすべて、この目的を達成するために用意されたと見ることができます。

モデルをもとに、4つの柱である「見る」「話す」「触る」「立つ」について言えば、「見る」「触る」「立つ」は主に感覚―運動機能への働きかけで、「話す」は主に認知―言語機能への働きかけとなります。

ケアを受ける人が、これらの機能を十分に保持していれば働きかけも容易なのですが、高齢者や認知症患者の場合には、両機能の作用が低下していることが多くなります。特に、認知症患者の場合は、認知や感覚といった知覚系の能力がかなり衰えており、外部からの情報を十分に受け取ることができません。

しかし、両機能が衰えている一方で、情動―感情機能はその働きを保っています。この機能が作用しているからこそ、こちらからの働きかけが有効となります。本田ほか（2014）も、「感情記憶は、認知症が進行した状態においても保たれています」と述べています。

ただ、情動―感情機能が働いているとはいえ、精神全体のバランスが崩れているために、作用が不安定な状態にあることに変わりはありません。さらに知覚系の機能低下が加わることで、こうしたケースでは、ケアを行う人とケアを受ける人の間で、意志疎通の食い違いが起きやすくなります。

人は誰でも、行動の基準を自分自身の感覚や感性といったものにおいています。自分の目や耳で感じることを、他者も同じように感じていると考えがちですし、自分がよいと感じること、あるいは悪いと感じることが、他者にとっても同じ価値を持つと思いこみやすいものです。

しかし、実際には自分が自らを行動基準としているように、相手も相手自身を行動基準としています。この点を考慮せずに行動すると、予想外のトラブルを起こしやすくなります。

ケアの現場では、特にこの種のトラブルは発生しやすくなります。そして、それが原因となって人間関係が悪化し、ケアに重大な悪影響を招くこともあります。

ケアをする側が陥りやすいのは、自分はしっかりやっているのに相手がわ

かってくれないと感じ、ケアをする相手を非難したり、悪感情を抱いてしまうことです。

　人は自分が相手に好意を向ければ、相手からもそれが返ってくることを期待するものです。期待通りの応答があれば喜びを感じ、相手に親密さを感じることができます。逆に、応答がなければ失望し、心理的な距離を感じることになります。それはごく当然の反応と言えますが、しかし、そもそも相手に自分の好意や意図が伝わっていなければどうでしょうか。

　自分は相手を思いやり、親切な態度をとっているつもりでも、相手にそれが伝わっていなければ、好意的な反応はかえってきません。受けた好意を悪意で返すようなら、人柄に問題があると言えますが、好意を受けたことを認識できないのは、病気や障害に原因があります。それを取り違えて、相手を非難するのは明らかに誤りです。

　病気や障害をもつ人と接するときに、相手のことを思いやるというのは基本的な心得ですが、実践することは容易なことではありません。相手にポジティブなイメージを伝えるには、まず相手の状態を正確に理解し、伝えるための手段にも配慮する必要があります。相手の認知機能や感覚機能に障害があるのなら、それを考慮し、よりよい手段をとる工夫をしなければなりません。

　ユマニチュードでは、この部分での工夫が徹底されています。知覚系の作用が弱まっている人に対しても、確実にこちらからのメッセージが伝わるように、様々な方法を用意しています。

　また、ユマニチュードの場合、相手に伝える技術それ自体の中に、ポジティブなメッセージを織り込んでいる点も見逃してはならないでしょう。

　ユマニチュードの4つの柱では、相手の状態に応じて、認識しやすい方法でアプローチすると同時に、相手が快いと感じる刺激を与えることに力を入れています。これにより、相手に対しこちらに害意がないことを伝え、好意や親密さをアピールすることができます。効率的で効果的なアプローチの方

法であり、この技術を習得すれば、誰でもある程度は質が保証されたケアを行うことが可能となるでしょう。

　しかし、ここで重大な問題となるのは、ケアをする人間はそうした技術を習得するだけで十分なのか、ということです。

　ユマニチュードが注目されつつあるのは、それが単なる精神論ではなく、実践的な技術論として構築されていることが大きな理由です。その背景に明確な哲学があることはすでに取り上げましたが、それでもユマニチュードの中で、技術という部分が大きなウェートを占めていることは間違いありません。

　本田ら自身も、ユマニチュードの有用性を示す際に、その技術論としての完成度の高さをアピールすることが多いようです。これは彼らの中に、技術は他者への伝達や伝授が可能であり、技術を学び習得することで誰もがよいケアを行うことができる、という思いがあるからではないかと考えられます。

　確かに、ユマニチュードで示される技術には、一握りの職人しかできないような、複雑な動作や緻密な作業を必要とするものは含まれていません。高い身体能力が求められるものでもありませんし、理解するのが困難なほど難解というわけでもありません。訓練すれば、誰にでも実践できるものです。

　特殊な能力を必要とせず、使い手を選ばない技術は、人手不足に苦しんでいるケアの現状を鑑みれば、非常に有益と言えます。そして、技術を習得すればケアに際して一定の効果が現れることも、まず間違いないことです。総合的に見て、ユマニチュードが高い有用性をもつことは疑いないと言えます。

　しかし、それでもなお、ケアをする人間が技術を習得するだけでよいと言うことはできないのです。

　ユマニチュードの技法には、それ自体に相手に対するポジティブなメッセージが含まれています。とはいえ、それだけで相手に優しさや親愛の情が伝わるというわけではありません。

　相手と同じ目線で見つめること、穏やかなトーンで話しかけること、優し

く触れること。これらの動作が、好意や親密さを感じさせるのは確かだとしても、ケアをする人とケアを受ける人に、温かで人間的な繋がりを作り出すものは、「互いの心が通じ合った」という思いです。

　望ましい人間関係とは、物理的な接触によって生まれるものではありません。動物的な快・不快の感覚によって生まれるものでもありません。それらが一つの契機となることはあり得ても、関係の本質にはなり得ないのです。それは、人間がただの物質ではなく、ただの動物でもないからです。

　人間には、他の何物も持ち得ない心（精神）があります。心があるからこそ、人は人なのであり、人と人との繋がりとは、「こころ」の通じ合いに他ならないのです。

　元来、ケアにおける技術とは、看護や治療を円滑に行うための潤滑油としての役割を担うことがほとんどです。それを期待してユマニチュードを学ぼうとする人も、少なくありません。

　もし、ユマニチュードがケアの効率化を主目的とするものであるなら、技術の習得だけを目指しても問題はないと言えます。それは技術だけで実現可能な目的だからです。

　しかし、ユマニチュードの理念が、人と人との絆を結ぶことにあり、それによる人間性の回復を標榜している以上、技術だけを習得すればよいということはできません。人間性の回復を実現するためには、ソーシャルスキル的な上辺だけのつき合いでは不十分だからです。

　人間性を失うことの意味は重く、それを取り戻すことも容易なことではありません。それをスキルだけで可能と考えるのは見通しが甘いですし、人間という存在への理解が足りないと言わざるを得ません。

　ユマニチュードは、相手にポジティブなイメージを「伝える」上で優れた技法ですが、ケアを受ける人に響くのは、技法そのものではありません。技法を通じて伝わる、ケアをする人の「こころ」です。関係性の本質とは、どこまでも心の結びつきにあり、それをよりスムーズに実行できるところに、

ユマニチュードの価値があると考えられます。

　人と人とのコミュニケーションとは、言語や身振りといったシンボルの伝達を意味するのではありません。言語や身振りを道具として用いることで、互いの心情を伝達し合うことが、人間のコミュニケーションです。

　道具としての伝達方法をより優れたものへと改良するのも大事ですが、それも伝える心があってこそ役に立つものです。ユマニチュードを実践する上では、技術の習得だけに目を向けるのではなく、それがコミュニケーションを深めるための道具であり、心を伝える「手段」であることを忘れてはならないと考えます。

(3)情動の共有

　ユマニチュードの技術が、心を伝えるための手段であるとするなら、その「心」とはいかなる性質を持つものでしょうか。心理学モデルを用いて、もう少し具体的に説明しておきます。

　我々のモデルでは、人間の精神構造を5つの機能領域に分け、かつそれぞれに「自己」と「他己」という性質の異なる2つのモーメントを設定しています。

　通常の用語としての心は、モデルにおける精神構造全体のことを指しますが、「他者と心を通わせる」という場合の心は、特に情動―感情機能のことを指しています。これは、認知―言語機能（あたま）や感覚―運動機能（からだ）といった知的能力や知覚系とは異なる、「こころ」の作用を司る機能として定義しています。

　情動機能には、諸々の欲求や喜怒哀楽といった情緒、気分などがあり、簡単に言えば、自己に閉じた「こころ」の作用ということができます。これに対して、感情機能は他者に対して開かれた性質をもち、他者の欲求や情緒を感じ取る働きをもちます。これは他者の欲求を認識したり、推理、推察するということではなく、文字通り、情を「感じる」ことを意味しています。

　認識や推理は認知機能の作用であり、他者の心情を一つの事象として客観視しているにすぎません。感情機能の作用はそうしたものではなく、他者の喜びを我が喜びとし、他者の痛みを我が痛みとして感じるといったような、他者の心と一体となったものです。モデルでは、感情機能を「他者の心を感じるこころ」と定義して、他の動物とは決定的に異なる、人間の人間たる所以として重要視しています。

　人は他者に開かれた「こころ」を持つからこそ、他者の心の動きを感じることができます。それと同時に、他者の心の動きを感じることで、自分自身の心も影響を受けることになります。

　誰にでも経験があると思いますが、身近な人や親しい関係にある人が嬉しそうにしていれば、自然とこちらも嬉しくなりますし、悲しそうな様子を見れば、こちらも辛い気持ちになります。また、陽気に盛り上がった集団の中にいれば、自然と気分が高揚してきますし、逆に集団の中に不機嫌で苛立った人がいれば、その情動は伝播し、周りの雰囲気もピリピリしたものになります。

　情動自体は自己に閉じた性質をもっていますが、それを感じる「こころ」を持つことで、互いに喜びや悲しみを共感し、共有することができるようになります。我々のモデルではこれを「情動の共有」と呼んでいます。

　心が通じ合うとは、この「情動の共有」が行われている状態であり、この状態にあるとき、他者に対する親密さや親愛の情がわき上がってきます。

　類は友を呼ぶ、同気相求めるといった言葉がありますが、趣味や嗜好に共通性があったり、性格や性向に似通った部分があれば、ごく自然に喜びや悲しみを共有することができます。それが互いの心を近づけることで、親密な交わりを形成しやすくなるわけです。

　たとえ性格に違いがあっても、相手の心情をくみ取り、情動の共有が行われれば親密な交わりは結ばれます。他者との関係性を取り持つのは、何よりも他者に対して開かれた「こころ」が重要ということです。

　話をユマニチュードに戻しますが、ユマニチュードの目的は、ケアをする人とケアを受ける人の関係性の中で、失われつつある人間性を取り戻すことにあります。本田らのいう人間性には、他者との関係性の中で育まれる社会性が大きな意味をもちます。

　我々のモデルに基づいて補足すると、この場合の社会性とは、社会生活を送るための技能や知識としてのそれではなく、社会的存在であろうとする根元的な傾向のことです。この種の社会性を形成するのは他者との心の交流であり、その根幹をなすのは、「他者の心を感じるこころ」である感情機能です。

　つまり、ユマニチュードの目的とは、この感情機能に強く働きかけることで、その作用を回復させ、また活性化させることにあると捉えることができます。このように見た場合、ユマニチュードを実践する際に最も重要なことは、ケアをする人とケアを受ける人の間で、積極的な情動の共有を図ることだと言えます。

　認知症患者のように、認知―言語機能や感覚―運動機能に著しい機能低下が見られるケースでも、情動―感情機能は生きています。ただ、各機能領域のバランスが崩れ、不安定な状態にあるために問題行動を起こしやすく、またそれが原因となって他者との関係が損なわれることで、感情機能の作用はかなり弱体化していると考えられます。

　しかし、それでも彼らから「他者の心を感じるこころ」が完全に失われているわけではありません。彼らがきちんと認識できる方法で、喜びや楽しさ、快さといったポジティブな情動を共有すれば、適切な人間関係を構築することは可能ですし、それを継続していくことで、感情機能の作用を強化することも十分に可能です。

　問題行動をよく起こしていた人が、適切なケアを受けることで穏やかになったという話を聞くことがありますが、それはケアの中で精神のバランスを取り戻し、安定した状態を回復した結果と考えられます。

　他者に開かれた性質を持つ感情機能は、自己に閉じた情動機能とは違って、

他者との関わりの中でしか活性化しません。そして、それは一方的な働きかけではなく、相互関係が望ましいと言えます。

　ケアの現場でそれを実現するには、働きかける側が豊かな「他者の心を感じるこころ」を持つことが重要になってきます。「こころ」の作用は、それを持つ他者との情動の共有によって強化されるからです。このような情動の共有による感情機能の強化こそが、人間性の回復の本質であると考えられます。

　情動の共有には、相手の心を感じるだけでなく、自分からも相手に心を伝えていく必要があります。どれだけ喜びや楽しさを相手に伝えようとしても、それが上手く伝わらなければ意味はありません。ユマニチュードで確立されたケアの技法は、そのための技術としては申し分ないものです。情動の共有を図る上で、非常に有効な手段となるでしょう。

　最後に一つ付け加えるなら、情動の共有を図る上で基本となるのは、相手に対して笑いかけることです。笑顔は相手にこちらが心を開いていることを伝える最良の手段です。どれだけ優れたケアの技法も、不機嫌そうな顔や無表情で行ったのでは効果がありません。この点は、決して忘れてはならないでしょう。

Ⅳ　結語

　ユマニチュードには、バックボーンとして明確な哲学があり、それに支えられた実践技術はよく洗練されています。ケアを受ける人とケアをする人との関係を進展させ、安定した状態を作り出す上で有効な手段と言うことができます。

　ただし、ユマニチュードを行うことで、人間性を取り戻すことができるのは、技術だけの功績ではありません。用いられる技術の背景に、ケアをする人の温かな心が存在するからです。

　優れた技術は、それだけでも一定の成果を生み出すものです。ケアを円滑に行うことを目的とするなら、十分な効果が期待できるでしょう。

　しかし、それ以上のことを望むなら、人間性の回復という大きな目的を達成するには、技術だけでは難しくなります。そこには必ずケアをする人の「他者の心を感じるこころ」が必要となってきます。この点は決して見落としてはなりません。

　技術をどれだけ細密化し、優れたマニュアルを作成したとしても、やはり限界はあります。細密化が進むほど習得は困難になりますし、一握りの人間しか習得できないようなマニュアルは、その存在価値を失っています。

　いかに優れた技術であろうと、用い方を誤れば無益なものとなってしまいます。技術をただ機械的に行うだけでは、望ましいケアの在り方とは言えません。何より、ユマニチュードの理念はそれを許さないはずです。

文　献

American Psychiatric Association（1987）Diagnostic and Statistical Manual of Mental Disorders, Third Edition-Revised（DSM-Ⅲ-R）．高橋三郎訳（1988）DSM-Ⅲ-R精神障害の診断・統計マニュアル，医学書院．

American Psychiatric Association（2000）Diagnostic and Statistical Manual of Mental Disorders, Fourth Edition, Text Revision（DSM-Ⅳ-TR）．高橋三郎・大野裕・染矢俊幸訳（2004）DSM-Ⅳ-TR　精神疾患の診断・統計マニュアル（新訂版），医学書院．

本田美和子・ジネスト，Y．・マレスコッティ，R．（2014）ユマニチュード入門，医学書院．

清重友輝・中塚善次郎（2011）前頭葉障害を伴う認知症の心理学的理解　中国四国心理学会論文集　**44**，4．

清重友輝・中塚善次郎（2012）認知症の構造に関する批判的検討　中国四国心理学会論文集　**45**，9．

中塚善次郎（1993a）哲学を取り戻すべき心理学―人間「精神」の心理学構想―，鳴門教育大学研究紀要（教育科学編），**8**，199-231．

中塚善次郎（1993b）人間精神の心理学モデルによる精神病理の解釈，鳴門教育大学教育研究センター紀要，**7**，59-65．

中塚善次郎（1994a）『ユング心理学』ノート―自己・他己双対理論を通して見えたもの―，鳴門教育大学研究紀要（教育科学編），**9**，313-332．

中塚善次郎（1994b）精神分裂病の基本障害と諸症状―自己・他己双対理論による了解の試み―，鳴門教育大学研究センター紀要，**8**，73-80．

中塚善次郎（1994c）人間精神学序説―自他統合の哲学的心理学の構築とその応用―，風間書房．

中塚善次郎（1996）自己・他己双対理論に基づく人間精神発達理論―Stern理論の検討による細密化―，鳴門教育大学研究紀要（教育科学編），**11**，309-331．

中塚善次郎（1998）自閉症児における左半球障害新仮説の提示―コミュニケーション障害の大脳生理学的基礎をより深く理解するために―，鳴門教育大学学校教育研究センター紀要，**12**，21-30．

中塚善次郎・上松育代・木村みどり・大田雅美（1996）障害児教育を支えるコミュニケーション（Ⅰ）―「コミュニケーションとは何か」自己・他己双対理論に基づく

検討—，鳴門教育大学学校教育研究センター紀要，**10**，41-50.

中塚善次郎・大田雅美・大向裕美・木村みどり・上松育代（1997）障害児教育を効果
　的にするためのコミュニケーションの研究（I）—自閉症児の時間障害を理解す
　るための時間論の構築—，鳴門教育大学学校教育研究センター紀要，**11**，75-84.

中塚善次郎・岩井勉・佐々木博人（1999）人権問題に関する基礎的研究（I）—若干
　の哲学的・「人間精神学」的考察—，鳴門教育大学学校教育研究センター紀要，
　13，29-38.

中塚善次郎・小川敦（2000a）「人権と平等論」ノート，鳴門教育大学学校教育研究セ
　ンター紀要，**14**，93-102.

中塚善次郎・小川敦（2000b）こころの教育論—自己・他己双対理論による立論—，
　鳴門教育大学研究紀要，**15**，77-88.

大田雅美・木村みどり・大向裕美・上松育代・中塚善次郎（1997）障害児教育を効果
　的にするためのコミュニケーションの研究（II）—同名論文（I）で構築した時
　間論による自閉症児時間障害の理解—，鳴門教育大学学校教育研究センター紀要，
　11，85-94.

上松育代・木村みどり・大田雅美・中塚善次郎（1996）障害児教育を支えるコミュニ
　ケーション（II）—重度・重複障害児教育と障害児を持つ親の援助に関する文献の
　検討—，鳴門教育大学学校教育研究センター紀要，**10**，51-60.

スノウドン，D.　藤井留美訳（2004）100歳の美しい脳—アルツハイマー病解明に手を
　さしのべた修道女たち—，DHC（Snowdon, D.（2002）Aging with grace: What the
　Nun study teaches us about leading longer, healthier, and more meaningful
　lives, Paperback.）

○監修者略歴

中塚善次郎（なかつか　ぜんじろう）

1938年　岡山県に生まれる
1976年　大阪市立大学大学院博士課程（心理学専攻）修了
1976年　名城大学教職課程部講師
1979年　和歌山大学教育学部講師
1980年　和歌山大学教育学部助教授
1982年　文学博士
1983年　和歌山大学教育学部教授
1986年　鳴門教育大学学校教育学部・大学院学校教育研究科教授
1988年　得度・僧階取得、法名善成（ぜんじょう）
　　　　（個人布教誌『こころのとも』を毎月一号執筆、2006年まで計197号発行）
2004年　美作大学児童学科教授・美作大学大学院特任教授
現　在　ひびきのさと人間精神学研究所主宰

主要訳著者
『WISC-Rによる知能診断』（共訳、日本文化科学社、1983年）
『内田クレペリン検査の新評価法』（単著、風間書房、1991年）
『人間精神学序説―自他統合の哲学的心理学の構築とその応用―』（単著、風間書房、1994年）
『ひとで悩みたくない人は』（単著、大東出版社、1994年、中塚善成名で執筆）
『学習障害研究における人間精神学の展開―新仮説の提唱および学習適応性尺度の構成―』（共著、風間書房、2001年）
『自閉症の本質を問う―自閉症児への最適な個別支援を求めて―』（編著、風間書房、2005年）
『こころのとも㊀―生きがいの追求・釈尊のことば・禅画と解説―』（単著、ユニオンプレス、2012年、中塚善成名で執筆）
『こころのとも㊁―現代に生きる釈尊のことば―』（単著、ユニオンプレス、2012年、中塚善成名で執筆）
『こころのとも㊂―法句経・現代の闇を照らす釈尊のことば―』（単著、ユニオンプレス、2013年、中塚善成名で執筆）

○著者略歴

清重友輝（きよしげ　ゆうき）

1977年　徳島県に生まれる
2004年　鳴門教育大学大学院学校教育研究科（障害児教育専攻）修了
現　在　ひびきのさと人間精神学研究所所員

認知症の本質を問う―介護で悩みたくない人は―

2021 年 11 月 30 日　初版第 1 刷発行

監修者　　中　塚　善次郎

著　者　　清　重　友　輝

発行者　　風　間　敬　子

発行所　　株式会社　風　間　書　房

〒 101-0051　東京都千代田区神田神保町 1-34
電話 03 (3291) 5729　FAX 03 (3291) 5757
振替 00110-5-1853

装幀　松　田　靜　心
印刷　平河工業社　　製本　高地製本所

©2021　Zenjirou Nakatsuka　Yuki Kiyoshige　　　　NDC分類：140

ISBN978-4-7599-2408-4　　Printed in Japan